連邦制国家インドにおける高等教育の展開

1990年代以降の変化に着目して

渡辺雅幸

東信堂

はしがき

　本書の目的は、1990年代以降の本格的な市場化やグローバル化などの変化に伴い、高等教育機関、教員、学生（入学者選抜）に関わる連邦政府の施策を総合的に検討することで、連邦制という枠組みのもと、インドの高等教育がどのように展開しているのかを明らかにすることである。

　インドは英国からの独立以降、経済的には資本主義と社会主義のいずれとも異なる「混合経済」を採用し、基本は政府主導の「計画経済」によって国の発展を目指してきた。しかし、1990年代に入って冷戦構造が大きく転換するなか、インドは深刻な経済危機に直面し、その結果本格的な市場化やグローバル化の波にさらされることとなる。一方、インドは人口13億人以上の超大国であることに加え、宗教的・言語的・民族的に非常に多様性に富んでいることで知られ、そうした多様性を認めつつ、「インド人」としての国民統合を実現するための効果的な政治制度として「連邦制」を採用してきた。ただし、インドの連邦制の特徴は、中央にも大きな権限がある「中央集権的連邦制」とも呼ばれる点にある。

　詳しくは本文に譲るが、高等教育においてもこの「中央集権的連邦制」の特徴をもつ。簡単に述べれば、各州は大学の設置や規制など原則的に自らの州の高等教育に責任を負っているものの、同じく連邦制を採用するアメリカなどとは異なり、中央も国立大学等の設置や高等教育全体の調整と基準の設定など一定の強い権限をもつ。そのため、インドではそもそも高等教育の仕組みが複雑なだけでなく、しばしば高等教育政策を実行する権限をめぐって中央と州の対立も生じる。

　したがって、インドの高等教育の全体像を理解するためには、連邦制国家としてのインドの高等教育制度が具体的にどのようになっているのか、また特に1990年代以降の市場化やグローバル化が中央と州による高等教育の展開にどのような影響を与えているのかなどを検討する必要がある。しかし、わが国でもインドの高等教育について研究はされているものの、連邦制国家という視点でインドの高等教育がどのように展開しているのかは十分に検討されていない。

　本書が、インドにおける高等教育制度の理解のためだけでなく、インドや高等教育に関心あるさまざまな人々にとって少しでも参考になれば幸いである。

　なお、本書は令和3年度「京都大学全学経費・若手研究者出版助成事業」による助成を受けて刊行されるものである。

　2022年11月

渡辺雅幸

目次／連邦制国家インドにおける高等教育の展開
　　──1990年代以降の変化に着目して──

第3章　大学教員資格試験制度の展開

第4章　大学入学者選抜制度の展開

終章　連邦制国家インドにおける高等教育の展開

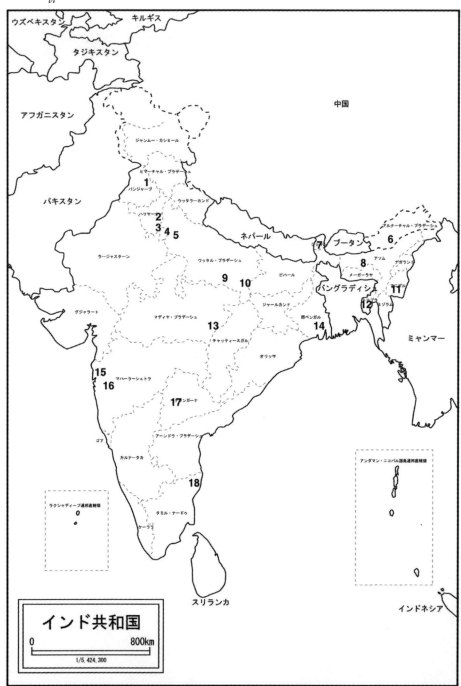

図 1. 本書に登場する主な大学の位置（表 1 と対応）
出典：https://www.freemap.jp/itemDownload/asia/india/3.png を使用し、筆者作成

表 1. 本書に登場する主な大学一覧（図 1 と対応）

1	ラブリー・プロフェッショナル大学（Lovely Professional University） 2005年設立、パンジャーブ州、私立大学。2021年のインド国内の大学ランキングで62位
2	ベナレス・ヒンドゥー大学（Banaras Hindu University） 1916年設立、ウッタル・プラデーシュ州、国立大学。インド憲法の連邦管轄事項に記載される大学の一つ
3	インド工科大学（Indian Institution of Technology）デリー校 1961年設立、デリー準州、国家的重要機関。世界的な著名人を輩出するインド最難関の高等教育機関 デリー大学（University of Delhi） 1922年設立、デリー準州、国立大学。インド憲法の連邦管轄事項に記載される大学の一つ ジャワハルラル・ネルー大学（Jawaharlal Nehru University） 1895年設立、デリー準州、国立大学。インドで各界の著名人を輩出する伝統校の一つ
4	アミティ大学（Amity University） 2005年設立、ウッタル・プラデーシュ州、私立大学。2021年のインド国内の大学ランキングで25位
5	アリーガル・ムスリム大学（Aligarh Muslim University） 1875年設立、ウッタル・プラデーシュ州、国立大学。インド憲法の連邦管轄事項に記載される大学の一つ
6	ラジーブ・ガンディー大学（Rajiv Gandhi University） 1984年設立、アルーナチャル・プラデーシュ州、国立大学。2007年に州立大学から国立大学に改組
7	シッキム・マニパル大学（Sikkim Manipal University） 1995年設立、シッキム州、私立大学インド初の官民合同出資の私立大学 シッキム大学（Sikkim University） 2007年設立、シッキム州、国立大学。シッキム州初の国立大学
8	ガウハティ大学（Gauhati University） 1948年設立、アッサム州、州立大学。インド最北部最古の大学
9	アラーハーバード大学（University of Allahabad） 1887年、ウッタル・プラデーシュ州、国立大学。2004年に州立大学から国立大学に改組
10	アショーカ大学（Ashoka University） 2014年、ハリヤーナ州、私立大学。2021年のインド国内の大学ランキングで95位
11	マニプル大学（Manipur University） 1980年設立、マニプル州、（2005年に州立から）国立大学。2005年に州立大学から国立大学に改組
12	トリプラ大学（Tripura University） 1987年設立、トリプラ州、（2007年に州立から）国立大学。2006年に州立大学から国立大学に改組
13	インディラ・ガンディー国立部族大学 （Indira Gandhi National Tribal University）。2007年設立、マッディヤ・プラデーシュ州、国立大学
14	カルカッタ大学（University of Calcutta） 1857年設立、西ベンガル州、国立大学。インド最古の大学の一つ
15	ボンベイ（ムンバイ）大学（University of Mumbai） 1857年設立、マハーラーシュトラ州、国立大学。インド最古の大学の一つ
16	プネ大学（Savitribai Phule Pune University） 1949年設立、マハーラーシュトラ州、州立大学。インド東部の名門大学
17	英語・外国語大学（English and Foreign languages University） 1958年設立、テランナーガ州、国立大学。2005年に州立大学から国立大学に改組
18	マドラス大学（University of Madras）、IITマドラス校 1857年設立、タミル・ナードゥ州、国立大学。インド最古の大学の一つ

表2．州別の大学数、カレッジ数、学生数、高等教育の就学率（2019-20年度）

州名	大学数(校)	カレッジ数(校)	学生数(人)	就学率(%)
アーンドラ・プラデーシュ州(Andhra Pradesh)	41	2750	1,897,149	35.2
アルナーチャル・プラデーシュ州(Arunachal Pradesh)	10	39	55,816	35.4
アッサム州(Assam)	26	558	650,601	17.3
ビハール州(Bihar)	35	874	1,738,432	14.5
チャッティースガル州(Chhattisgarh)	28	810	586,395	18.5
デリー準州(Delhi)	28	179	1,132,856	48.0
ゴア州(Goa)	3	58	52,782	28.4
グジャラート州(Gujarat)	76	2275	1,544,840	21.3
ハリヤーナー州(Haryana)	53	1087	933,541	29.3
ヒマーチャル・プラデーシュ州(Himachal Pradesh)	27	344	289,488	40.8
ジャンムー・カシュミール州(Jammu and Kashmir)	15	316	395,416	32.4
ジャールカンド州(Jharkand)	32	323	817,560	20.9
カルナータカ州(Karnataka)	69	4047	218,789	32.0
ケーララ州(Kerala)	23	1417	1,137,853	38.8
マディヤ・プラデーシュ州(Madhya Pradesh)	66	2411	2,182,154	24.2
マハーラーシュトラ州(Maharashtra)	65	4494	4,265,472	32.3
マニプル州(Manipur)	8	102	124,538	38.3
メガラヤ州(Meghalaya)	10	67	87,541	26.1
ミゾラム州(Mizoram)	3	35	33,236	26.1
ナガランド州(Nagaland)	5	67	44,561	18.5
オディシャー州(Odhisha)	32	1087	994,929	21.7
パンジャーブ州(Punjab)	32	1079	869,463	28.2
ラージャスターン州(Rajasthan)	89	3380	2,206,517	24.1
シッキム州(Sikkim)	8	22	58,071	75.8
タミル・ナードゥ州(Tamil Nadu)	59	2610	3,520,311	51.4
テランガーナ州(Telangana)	24	2071	1,389,608	35.6
トリプラ州(Tripura)	4	53	86,247	20.2
ウッタル・プラデーシュ州(Uttar Pradesh)	81	7788	6,388,214	25.3
ウッタラーカンド州(Uttarakhand)	36	454	493,279	41.5
西ベンガル州(West Bengal)	47	1411	2,160,893	19.9

出典：Ministry of Education, *All India Survey on Higher Education 2019-20* をもとに筆者作成。
（https://www.education.gov.in/sites/upload_files/mhrd/files/statistics-new/aishe_eng.pdf、
2021年12月5日最終閲覧）

表3．本書で登場する主な法律、法案、規則、通知

年	法律、法案、規則、通知
1949 (1950年施行)	インド憲法 (The Constitution of India)
1951	大学(基準の規制)法案 (Universities (Regulation of Standards) Bill)
1956	1956年大学補助金委員会法 (University Grants Committee Act, 1956)
1961	1961年工科大学法 (Institute of Technology Act, 1961)
1991	1991年大学とカレッジにおける教員の採用の最低限の資格に関するUGC規則 (UGC Regulations, 1991 regarding Minimum Qualifications for Appointment of Teachers in Universities and Colleges)
1995	1995年私立大学(設置と規制)法案 (Private Universities (Establishment and Regulations)Bill, 1995)
1998	大学とカレッジにおける教員の採用のための最低限の資格、その水準の維持のための手段、給与体系の改定に関する1998年UGC通知 (UGC Notification on Revision of Pay Scales, Minimum Qualification for Appointment of Teachers in Universities & Colleges and Other Measures for the Maintenance of Standards, 1998)
2000	大学とカレッジにおける講師、准教授、教授の採用と昇進のための最低基準に関するUGC規則 (UGC Regulation on minimum qualifications for appointment and Career Advanced Lecturers, Readers and Professors in the University and Colleges)
2003	2003年UGC(私立大学の設置と水準の維持に関する)規則 (The UGC (Establishment of and Maintenance of Standards in Private Universities) Regulation, 2003)
2004	2004年アラ一・ハ一バ一ド大学法案 (The University of Allahabad Bill, 2004)
2007	2007年外国教育機関(参入と事業の規制、質の維持、商業化の防止)法案 (The Foreign Educational Institutions (Regulation of Entry and Operations, Maintenance of Quality and Prevention of Commercialisation) Bill, 2007)
2006	2006年NIT法案 (The National Institutes of Technology Bill, 2006)
2007	2007年NIT法 (The National Institute of Technology Act, 2007)
2008	2008年国立大学法案 (The Central Universities Bill, 2008)
2009	2009年国立大学法 (The Central Universities Act, 2009)
2009	2009年UGC(哲学修士号/博士号の授与のための最低限の水準と手続きに関する)規則 (UGC (Minimum Standards and procedure for the Award of M.Phil/Ph.D. Degree), Regulation, 2009)
2010	(大学とカレッジにおける教員とその他の職員の採用のための最低限の資格と高等教育における水準の維持のための手段に関わる)2010年UGC規則 (UGC Regulations (on Minimum Qualifications for Appointment of Teachers and Other Academic Staff in Universities and Colleges and Measures for the Maintenance of Standards in Higher Education), 2010)
2010	2010年高等教育・研究法案 (Higher Education and Research Bill, 2010)
2010	2010年高等教育機関のための全国大学評価規制機関法案 (The National Accreditation Regulatory Authority for Higher Educational Institutions Bill, 2010)
2010	2010年外国教育機関(参入と運営の規制)法案 (The Foreign Educational Institutions (Regulation of Entry and Operation) Bill, 2010
2018	大学とカレッジにおける教員とその他の職員の採用のための最低限の資格と高等教育における水準の維持のための手段に関わる2018年UGC規則 (UGC Regulations on Minimum Qualifications for Appointment of Teachers and Other Academic Staff in Universities and Colleges and Measures for the Maintenance of Standards in Higher Education, 2018)
2018	2018年インド高等教育委員会法案 (Higher Education Commission of India Bill, 2018)
2021	2021年タミル・ナ一ドゥ州の医学部への入学許可に関する法 (Tamil Nadu Admission to UnderGuraduate Medical Degree Courses Act 2021)

インド基礎情報

1. 面積：328 万 7469 平方キロメートル

2. 人口：13 億 8000 万 4385 人（2020 年）
出典：THE WORLD BANK
（https://data.worldbank.org/indicator/SP.POP.TOTL?locations=IN、2021 年 11 月 30 日
最終閲覧）

表 1. インドの人口の推移（1990-2020 年）

	1990	2000	2010	2020
人口（人）	873,277,799	1,056,575,548	1,234,281,163	1,380,004,385

出典：THE WORLD BANK
（https://data.worldbank.org/indicator/SP.POP.TOTL?locations=IN、2021 年 11 月 30 日
最終閲覧）

3. 首都：ニューデリー（New Delhi）

4. 宗教：ヒンドゥー教徒（79.8%）、イスラーム教徒（14.2%）、キリスト教徒（2.3%）、
シク教徒（1.7%）、仏教徒（0.7%）、ジャイナ教徒（0.4%）、その他（0.9%）（2011 年）
出典：Press Information Bureau, Government of India
（https://pib.gov.in/newsite/printrelease.aspx?relid=126326、2021 年 11 月 30 日最終閲
覧）

5. 識字率
表 2. インドの識字率の推移（1991-2018）

	1991	2001	2011	2018
識字率（%）	48.2	61.0	69.3	74.4

出典：THE WORLD BANK
（https://data.worldbank.org/indicator/SE.ADT.LITR.ZS?name_desc=false&locations=I
N、2021 年 11 月 30 日最終閲覧）

6. インドの経済・産業
表 3. インドの GDP および経済成長率の推移（1990-2020 年）

	1990	2000	2010	2020
GDP（億ドル）	321	468	1,676	2,623
経済成長率（%）	5.5	3.8	8.5	−8.0

出典：THE WORLD BANK
（https://data.worldbank.org/indicator/NY.GDP.MKTP.CD?locations=IN、
https://data.worldbank.org/indicator/NY.GDP.MKTP.KD.ZG?locations=IN 、 2021 年
11 月 30 日最終閲覧）

連邦制国家インドにおける高等教育の展開
－1990年代以降の変化に着目して－

序章　研究の目的と課題

第1節　問題関心

　本書が対象とするインド共和国(以下インドと略)は、人口が中国に次ぐ13億人以上の超大国であることに加え、宗教的・言語的・民族的に非常に多様性に富んでいることで知られる。そして1947年英国からの独立後は、そうした多様性を認めつつ、「インド人」としての国民統合を実現するための効果的な政治制度として「連邦制」を採用してきた[1]。たとえば、インド憲法の第8附則には22の言語が主要言語として定められており、しばしばインドの諸州が「言語州」と指摘されるように、その境界が言語的な違いによって分けられることが積極的に認められてきた[2]。一方で、連邦政府はかつてヒンディー語(Hindi)を唯一の公用語と定めようとしたが、結局は非ヒンディー語圏の反対によって現在でも英語を準公用語として継続使用している[3]。このようにインドでは、多様性を認めると同時に統一国家インドを実現するために、連邦と州は互いに妥協点を探りつつ協力しながら多文化社会が維持されてきた歴史をもつ。現在インドは28の州と八つの連邦直轄地から成る。

　こうしたなか、現在世界を取り巻く状況も大きく変わりつつあり、市場化やグローバル化などの波は各国の政治経済だけでなく、高等教育政策にも大きな影響を与えている。たとえば、市場化は規制緩和や市場原理の導入によって高等教育の多様化や個別化を促進する一方で、グローバル化は多様化や個別化よりも一元化や統一化、標準化への対応を迫まり、

激化する国際競争のなかでの生き残りを図るためにむしろ国家の枠組みを強めている側面もあるとされる[4]。

　インドは1990年代以降、本格的な経済の市場化と、それに伴うグローバル化が進行するなか、特に近年は著しい経済発展を続けている国の一つとしても注目を集めている。また、急速な経済成長に伴い、中間層の増加やさらなる人材育成の必要性などから高等教育も急速に拡大しており、たとえば、学生数は1990-91年度には約492万人だったが、2000-01年度には約840万人、2019-20年度には約3,857万人にまでなっている[5]。

　さて、先にインドが連邦制国家であることに触れたが、そもそも連邦制と高等教育にはどのような関係があるといえるのか。

　まず、連邦制の研究で有名なライカー（W. H. Riker）は、連邦制を「政府の活動が中央・地方政府の間で分割され、それぞれのレベルの政府が最終決定を下せる活動をもつ政治組織である」[6]と簡単に定義している。そのうえで、連邦制はアメリカやカナダなどの地方政府に強い権限のある分権的な国家を代表する制度として知られる一方、一般的なイメージとは異なる中央集権的な連邦制国家も存在する。

　次に、連邦制と高等教育の関係について検討したMarginsonとCarnoy (2018)は、国家（連邦政府）と高等教育の関係について考える前提として、「一般的に国家は、強力な高等教育システムの構築にとって重要な鍵である」[7]としている。しかし、たとえば典型的な連邦制国家であるアメリカについては、中央による研究のための補助金は無視できないとしつつも、高等教育においては全体として州立大学や私立大学が大きな役割を担っていると述べている[8]。そのため、アメリカやカナダ、またドイツのような連邦制国家は、国家が高等教育に強く介入するケースとしては例外としている[9]。すなわち、典型的な連邦制国家の場合、市場化やグローバル化などに対しても、高等教育において基本的には各州などが対応し、中央の役割は限定的であることを示している。

　それに対して、インドの場合、連邦制と高等教育の関係はどのようにあ

るといえるのか。

　まず、インドの連邦制そのものについてインド憲法は、その第1編第1条において「インド即ちバラートは、諸州の連邦である」[10]とし、インドが連邦制国家であることを第一に謳っている。そして、憲法には中央と州がそれぞれ議会と政府をもつことが明記され(第52条以下及び第79条以下、ならびに第153条以下及び第168条以下)、その権限に関する管轄区分については第11編と第7附則に規定されている[11]。また、その第7附則では連邦管轄事項(第Ⅰ表)、州管轄事項(第Ⅱ表)、共通管轄事項(第Ⅲ表)が具体的に定められている[12]。ただし、連邦政府は大統領[13]の州知事[14]任命権(第155条)、非常事態における国会及び大統領の州に対する権限[15](第250条、第350条、および第354条など)などをもつ。連邦政府がこうした権限を有することは、中央が州に対して比較的大きな権限をもつことを示しており、こうしたことから、インドは中央に強い権限のある「中央集権的連邦制」[16]であるといわれる[17]。

　続いて、インドにおける連邦制と高等教育の関係について述べる。詳細は後述するが、簡単にいえば各州は大学の設置や規制など原則的に自らの州の高等教育に責任を負っているものの、中央も国立大学等の設置や高等教育全体の調整と基準の設定など一定の強い権限をもつことが法律上定められている。こうした制度設計の前提には、州は自らの責任で高等教育の運営をおこなう一方で、中央は全国的な基準を設けることなどが期待されてきた。すなわち、高等教育においても、中央は一定の強い権限をもつという特徴がある。

　それでは、こうしたことを前提としたうえで、インドの高等教育において、1990年代以降の市場化やグローバル化などの変化への対応はどのようにおこなわれてきたのだろうか。たとえば、市場化やグローバル化は国際競争の激化や知識基盤社会の進展など、それへの対応としてさまざまな影響を与える。ただし、先のアメリカなどとは違い、インドは中央が一定の強い権限をもつため、さまざまな社会変化の与える影響はアメリカな

どのより分権的な連邦制国家とは異なる影響が想定される。

　まず、連邦政府、すなわち国家としてのインドに与える影響である。市場化やグローバル化などの対応に迫られる際、インドも連邦制国家であるため、アメリカのように各州レベルなどでそれらに対応することもありうるが、一方でインドの場合は高等教育においても中央が一定の権限を有しているため、主として中央によって対応がなされることも十分に考えられる。また、インドの場合は1990年代以降に本格的な市場化とそれに伴うグローバル化が進んだ国として、特に中央が中心となってその後の急激な変化への対応をおこなうことが予想される。

　次に、中央と州の関係に与える影響である。特に中央が市場化やグローバル化などへの対応として政策をおこなった場合、これまでにはなかった施策であるため、その主導権をめぐって中央と州が衝突し、その関係が対立的になることも想定される。一方で、必ずしも対立するだけでなく、中央と州が何らかの形で協力する可能性もあり、また後述する社会的弱者層も多く存在し、中央と州の関係はより協調的となることも十分に予想される。

　さらに、個人に与える影響もある。たとえば、市場化やグローバル化は、個人レベルにおいてはその個々の需要の多様化ももたらすが、一方でインドにはもともと宗教的・言語的・民族的な多様性などがあり、中央が政策をおこなう際には、そうした多様性、すなわちマイノリティに対していっそうの対応を求められることが想定される。

　以上のように、インドの場合は中央に一定の権限があるため、アメリカなどのような分権的な連邦制国家とは異なり、市場化やグローバル化などの変化に中央が対応することで、特に中央と州の関係において複雑な状況が生まれることが考えられるのである。

　それでは、連邦制という枠組みのなかで、1990年代以降の本格的な経済の市場化とそれに伴うグローバル化などが進むにつれて、インドの高等教育はどのように展開されてきたといえるのだろうか。

第2節　研究課題

　以上をふまえて、本書の目的は、1990年代以降の本格的な市場化やグローバル化などの変化に伴い、高等教育機関、教員、学生(入学者選抜)に関わる連邦政府の施策を総合的に検討することで、連邦制という枠組みのもと、インドの高等教育がどのように展開しているのかを明らかにすることである。それらを明らかにすることは、依然として国内では数少ないインド高等教育研究に新たな知見を加えるだけでなく、連邦制国家インド社会の理解をより深めるものとして意義あるものと考える。そして、これらを明らかにするために、本書では三つの課題を設定した。

　第1の課題は、連邦制の枠組みのもと、高等教育の主要なアクターである高等教育機関、教員、学生に関して、連邦政府がどのように政策をおこなっているのかを明らかにすることである。上述したように、インドの高等教育において、各州は大学の設置や規制など、原則的に自らの州の高等教育に責任を負っているものの、連邦政府も国立大学等の設置や高等教育全体の調整と基準の設定など一定の強い権限をもっている。

　第2の課題は、高等教育をめぐって、中央と州の間で具体的にどのような権限の衝突が起こるのかを明らかにすることである。というのも、先も述べたように、中央と州が高等教育の権限を有している、あるいは中央が強い権限をもっているならば、ある高等教育の施策の主導権をめぐって中央と州が衝突することは十分に予想されるからである。

　第3の課題は、各州によっても中央への反応は異なったり、また高等教育機関、教員、学生それぞれに関して必ずしも同様の変化がみられたりするとはいえないが、1990年代以降、連邦制国家インドの高等教育において、全体として中央と州の関係はどのような形で展開しているのかを明らかにすることである。

　研究の方法については、主として文献調査に拠っている。法律や政策文書などについては、インド国内の諸機関で収集したものとともに、現在

インドでは公文書のインターネット上での公開が進んでいるため、インターネット上で収集した資料も多く用いた。それに加えて、国内図書館等で収集した先行研究や新聞記事等の各種文字資料を用いている。

第3節　先行研究の検討

　特に1990年代以降のインドの高等教育の展開については、わが国でも先行研究がいくらか存在する。たとえば、渋谷(2004)や牛尾(2004)、小原(2012)、押川(2016)、佐々木(2017)は、高等教育の拡大や民営化などについて言及している。いずれも現代インドの高等教育を知るうえで優れた研究ではあるが、インドにおける連邦制と高等教育の関係という視点からは十分に検討されていない[18]。

　一方で、インドにおける連邦制と高等教育の関係に関するこれまでの先行研究では、まずPinto (1984)やジャヤラム(2006)は、インドが中央と州が互いに強い権限をもつ二重構造のなかで、中央と州との権限が衝突してしまうため、結果として高等教育の統制が十分におこなわれてこなかったことを指摘している[19]。またSingh (1993)は、連邦の権限の実行役である大学補助金委員会(University Grants Comission、以下UGCと略)が高等教育全体の調整と基準の設定という役割をほとんど果たしてこなかったと述べている[20]。なお、この機関はその財源を連邦政府に拠っており、連邦政府の意向が強く反映される機関であるとみなすことができる[21]。さらにAltbach (2014)も、UGCがその役割を十分には果たしてこなかったことに加えて、インドではこれまで連邦と州レベルのどちらにおいても、明確に区別されたアカデミックな制度を十分に発展させてこなかったことを否定的に述べている[22]。

　特にこれらの先行研究に共通することは、中央に一定の権限がある以上、中央主導のもとでインドの高等教育全体が統制されることを期待している点にある。というのも、その他の先行研究でも指摘されているが、一

部の機関を除き、インドの高等教育の質に対する否定的な意見は多い[23]。その元凶とされているのが、インドの高等教育のおよそ9割を占める州の高等教育の存在であり、その水準をいかに高めるかが求められている。ただし、Kolhatkar (2012)は、UGCのような組織がより集権的になったとしても、その役割を満たすには各州との調整が相当必要だと述べている[24]。

　一方で、Tilak (2018)は高等教育の財政面に着目し、その財源が中央から地方に移行しつつあることをふまえ、高等教育において一部分権化が進んでいる面もあるとは述べている[25]。

　こうした先行研究が指摘するように、たしかにインド高等教育においては、州が自らの責任で高等教育の運営をおこなう一方で、連邦は全国的な基準の統一を維持することが期待されてきたが、それらがうまく機能していない側面があることは否定できない。しかし、果たしてインドの高等教育は、このような一面的な部分だけがすべてなのだろうか。そこで本書は、連邦制という枠組みのもと、高等教育機関、教員、学生に関わる施策を総合的に検討することで、その全体像を改めて示してみたい。

第4節　本書の構成

　本書は以下のような構成になっている。

　第1章では、独立後の高等教育に関わる憲法の条文をめぐる議論や、成立した憲法をもとに連邦政府が実施してきた取り組みを検討することによって、インドにおいて中央集権的な連邦制のもとで、どのような高等教育の仕組みが構想されたのかを整理する。具体的には、まず独立前におけるインドの統治体制と高等教育の仕組みについて整理する。次に、1947年独立後のインドにおける高等教育の中央と州の権限関係がどのように成立したかについて、憲法制定議会での議論を中心に検討する。さらに、憲法制定後、それに基づいて連邦政府はどのような高等教育の仕組みを構想してきたのかについて、1951年の「大学(基準の規制)法案

(Universities (Regulation of Standards) Bill)」や、その後成立した「1956年大学
補助金委員会法(University Grants Committee Act, 1956、以下「UGC法」と略)」
を手がかりに考察する。

　第2章では、1990年代以降の本格的な市場化やグローバル化に伴い、
高等教育需要の拡大や学生の多様化に対応して、中央による高等教育機
関の設置認可がどのようにおこなわれたのか、また高等教育機関の規制
等についてはどのように進められたのかを明らかにする。機関をめぐって
は、そもそも連邦政府には特に国立大学等の設置認可の権限があるため、
まずは機関の設置認可をめぐる動向について検討する。具体的には、国
立大学(Central University)、準大学(Deemed University)、国家的重要機関
(Institute of National Importance)の設置認可をはじめ、1990年代以降にイ
ンドで初めて登場した私立大学(Private University)や外国高等教育機関の
設置認可をめぐる連邦政府の動向についても検討する。一方で、高等教
育全体の調整や基準の設定という権限もあるため、2000年代以降の高等
教育の質をめぐる批判に対応する形で検討された連邦政府による高等教
育の一元的な管理をめぐる動向や、2010年代以降の「国家高等教育計画
(Rashtriya Uchchatar Shiksha Abhiyan)」と呼ばれる連邦政府による新たな試
みについても考察する。

　第3章では、インドの大学教員の質を担保する仕組みとして、UGCが
中心となり1990年代以降実施されている大学教員資格に関わる制度がど
のように展開しているのかを明らかにする。詳細は後述するが、大学教員
資格については、憲法に定められた高等教育全体の調整や基準の設定の
権限に基づき、中央に実施の権限があるとされる。そしてUGCが実施主
体となり、大学教員に採用されるための最低限の資格に関する規則を設
けている。したがって、連邦政府による政策の動向を知るうえで、大学教
員資格制度(教員)に着目することは適切であると考える。そこで、まず
1990年代以降にUGCが公布した大学教員の資格に関わる規則について
検討する。次に、UGCの規則と並行して実施されてきた大学教員資格試

験について考察する。

　第4章では、インドの学生の質を担保する仕組みとして、大学入学者
選抜制度の改革動向について検討する。具体的には、まず中央と各州が
長年実施しており、インドにおいて大学入学資格でもある第12学年の修
了試験の動向について整理する。次に、こちらも詳細は後述するが、特に
工学系や医学系の大学入学試験について、これまで連邦政府は自らの管
轄する機関を中心に統一的な試験を実施していたが、2010年代以降特に
医学系の試験を中心に各州レベルの試験も巻き込んだ形で改革を積極的
におこなっている。そこで、2010年代以降に実施されている工学系と医
学系の大学の入試改革の動向について検討する。

　最後に終章では、1990年代以降の高等教育機関、教員、学生に関わる
連邦政府の施策を総合的に検討することで、連邦制という枠組みのもと、
インドの高等教育がどのように展開しているのかを明らかにする。

第5節　インドの学校体系と高等教育の発展状況

　高等教育を含め、インドの教育制度はわが国の制度とは大きく異なる特
徴をもっている。そのため、ここではインドの学校教育体系と高等教育の
発展状況について簡単に整理しておくことにする。

　インドの学校段階は、第1～5学年対象の初等学校(Primary School)、
第6～8学年対象の上級初等学校(Upper Primary School)、第9～10学年
対象の(前期)中等学校(Secondary School)、第11～12学年対象の上級中等
学校(Senior Secondary School)の大きく四つに分けられ、基本的に5-3-
2-2制の構成(州によっては4-3-3-2制の場合もある)になっている(**表序－
1、図序－1**)。

　義務教育については、2009年に連邦レベルで「無償義務教育に関する
権利法(以下RTE2009)」が制定(2010年施行)された。これまで原則的に州
の責任だった義務教育であったが、連邦がRTE2009を制定することに

表序－1　インドの各学校段階における総就学率、学校数、生徒数(2019-20年度)

学校段階	総就学率(%)	学校数(校)	生徒数(万人)
初等学校(第1-5学年)	102.7	778,842	12,168.7
上級初等学校(第6-8学年)	89.7	443,643	6,487.3
中等学校(第9-10学年)	77.9	151,489	3,846.4
上級中等学校(第11-12学年)	51.4	133,734	2,594.7

出典：Ministry of Education, *UNIFIED DISTRICT INFORMATION SYSTEM FOR EDUCATION PLUS (UDISE+) 2019-2020*, New Delhi; MoE, 2020をもとに筆者作成。

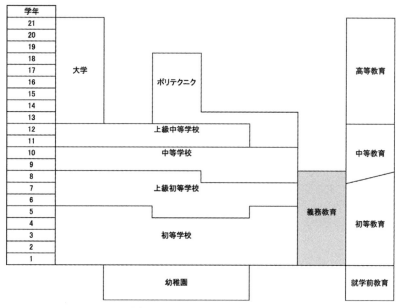

図序－1　インドの学校系統図

引用：文部科学省「世界の学校体系(ウェブサイト版)」をもとに筆者作成。

よって、連邦と州との協力のもとで積極的に義務教育普及の取り組みがなされることになった[26]。なお、義務教育の第1～8学年は無償で教育を受けられる対象である。

　それに対して高等教育については、インドでは大きく学士(graduate)、大学院(postgraduate)、研究(research)の三つの課程に分けられる。

　インドの学士課程は通常3年制であり、修了すれば学士号(Bachelor

Degree)が大学から授与される。大学院課程は、わが国の修士課程に相当し、通常修士論文を課さないコースワークのみの 2 年制であり、コースワークを修了すれば修士号(Master Degree)が授与される。一方で研究課程はさらに、通常 1 年の哲学修士と 3 年の博士の課程に分けられる。哲学修士の課程とは、かつて宗主国であった英国の制度を引き継いだものである。哲学修士と博士の課程では、コースワークに加え、論文が課される。哲学修士課程では哲学修士号(M. Phil.)、博士課程では博士号(Ph.D.)が授与される。なお、2019-20 年度における教育段階別の学生数とその割合は**表序－2**の通りである。

　次に、インドの高等教育機関は主として、大学(university)とそれに加盟する複数のカレッジ(affiliated colleges)から構成される。

表序－2　教育段階別の学生数とその割合(2019-20年度)

	学生数(人)	割合(%)
学士	30,647,287	79.5
修士	4,312,245	11.2
哲学修士	23,934	0.1
博士	202,550	0.5
その他	3,350,053	8.7
合計	38,536,359	100.0

出典：Ministry of Education, *ALL INDIA SURVEY ON HIGHER EDUCATION 2019-20*を参考に筆者作成。なお、その他については主に学位が出ないディプロマ・コースの学生数。

　大学とカレッジの関係については、各政府が制定する国立大学と州立大学の個別の大学法に、大学によるカレッジの加盟の認可とその監督の権限が明記されている。大学はカリキュラム作成、試験、学位授与をし、自ら教育と研究もおこなう機関である。これに対してカレッジは、カリキュラム作成、試験、学位授与の権限がないため、加盟する大学の作成したカリキュラムに従って主に教育をおこない、学生は大学の試験を受け、大学から学位を授与される仕組みになっている。なお、高等教育就学者の

およそ9割が州立大学の加盟カレッジに在籍している。一方で大学については、インド憲法の連邦と州の各管轄事項にそれぞれの権限が挙げられており、連邦と州ともに各議会の承認によって個別の大学法を制定することで、大学を設置認可する権限があることが明記されている。

　具体的には、連邦は連邦法によって、国立大学、インド工科大学(Indian Institute of Technology、以下IITと略)に代表される専門分野の高等教育を担う国家的重要機関を設置認可する権限がある。国家的重要機関とは、「国／州の特定の地域で高度な技術をもつ人材を育成するための中心的な存在」[27]とされており、連邦法に基づいて設立され、大学と同じく学位授与権をもつ。また連邦政府は、憲法の権限とは別に、「UGC法」第3条に従い、UGCの助言のもとで、大学以外の高等教育機関に、準大学と呼ばれる大学相当の権限(学位授与権)を与えることができる。準大学は、単科の高等教育機関で、連邦政府によって認定されれば大学と同じ機能をもつことができるが、制度上は大学とは異なる(すなわち、準大学とはあくまで「大学に準ずる高等教育機関」という位置づけであり、正確には大学ではない)。そして、各州は州法によって、州立大学(State University)、私立大学を設置認可する権限がある。なお、インドにおける大学レベルの高等教育機関数は**表序－3**の通りである。2019-20年度時点で、全国に1,043の大学レベルの高等教育機関がある。

表序－3　インドにおける大学レベルの高等教育機関数(2019-20年度)

機関名	国立大学	準大学	州立大学	私立大学	その他	国家的重要機関
校数	48(1)	126	386(14)	327(1)	5	135

出典：Ministry of Education, *ALL INDIA SURVEY ON HIGHER EDUCATION 2019-20*を参考に筆者作成。
※なお、国立大学、州立大学、私立大学のカッコは、それらとは別にわが国の放送大学にあたる国立、州立、私立の開放大学(Open University)の数である。

　インド高等教育の量的変化について、大学、カレッジ、学生の数の拡大状況は**表序－4**の通りである。表序－4をみると、高等教育は年々拡

大しているのがわかるが、10年間隔でその変化をみると、特に2000年頃から2010年頃にかけて高等教育機関と学生の数がともに急増していることがわかる（2019-20年度の総就学率は27.1％）。

　一方、インドは社会的弱者層を対象に優遇措置を強く推進してきた国の一つである。というのも、インドはその長い歴史のなかで、社会的弱者層は社会的・経済的・教育的に疎外され、現在でも教育に関していえば、学業成績の低さやドロップ・アウトの多さといった問題がある。また、それに伴う教育的格差がさらなる社会的・経済的格差の再生産につながっていることが指摘されている[28]。

表序－4　インドにおける高等教育の拡大状況

年度	大学数(校)	カレッジ数(校)	学生数(万人)
1950-51	30	695	39.7
1960-61	55	1,542	105.0
1970-71	103	3,604	195.4
1980-81	133	4,722	275.2
1990-91	190	7,346	492.5
2000-01	256	12,806	839.9
2010-11	564	32,974	2,743.4
2019-20	1,043	42,343	3,853.6

出典：UGC, *Higher Education in India at glance 2012*
　　　Ministry of Education, *ALL INDIA SURVEY ON HIGHER EDUCATION 2019-20*を参考に筆者作成。
　　　※「大学数」には表序－3にある大学レベルの高等教育機関がすべて含まれている。

　そこで、インドでは憲法第46条のもと「指定カースト（Scheduled Caste、以下SCと略）」や「指定部族（Scheduled Tribe、以下STと略）」、またクリーミー・レイヤー[29]を除く「その他後進諸階級（Other Backward Classes、以下OBCと略）」と呼ばれる社会的弱者層に対して積極的に優遇措置が実施されてきた。その代表的なものが、特定のカテゴリーの人々を対象にその人口比に応じて（連邦レベルではSCが15％、STが7.5％、OBCが27％、加えて「障がい者（Persons With Disability、以下PwDと略）」もその対象となっており、各カテゴ

リー内の3％に留保枠が設けられている）、教育機関への入学や雇用等の一定比率を優先する「留保制度」である。そして留保制度は、政府の補助金を受けている高等教育機関の教員の採用枠にも適用されている。なお、近年ではSCやSTなどに属さず、年間世帯収入が80万ルピー以下（1ルピーは2021年11月現在で約1.5円）の家庭の出身者（Econominally Weaker Section、以下EWSと略）にも留保制度が適用されるようになっている。加えて、後述するIITでは、政府が科学技術教育における女性比率の向上を掲げていることもあり、2018年には全体（各カテゴリーの定員）の約14％、2019年には全体の約17％、そして2020年からは全体の約20％にまで女性枠が引き上げられている[30]。

　それでは、次章からは具体的に、インドにおいて中央集権的な連邦制のもとでどのような高等教育の仕組みが構想されたのかを整理することからはじめる。

注

1　中溝和弥「インドにおける中央・州関係の展開」堀本武功・三輪博樹編著『現代南アジアの政治』放送大学教育振興会、2012年、106頁。

2　同上書、108-109頁。

3　野沢恵美子「インドにおける言語と学校教育―社会的流動性と格差の再生産」杉野俊子・原隆幸編『言語と格差―差別・偏見と向き合う世界の言語的マイノリティ』明石書店、2015年、184頁。

4　南部広孝「教育改革の国際比較」江原武一・南部広孝編著『現代教育改革論―世界の動向と日本のゆくえ―』放送大学教育振興会、2011年、14-15頁。

5　Ministry of Education, *ALL INDIA SURVEY ON HIGHER EDUCATION 2019-20.*
(https://www.education.gov.in/sites/upload_files/mhrd/files/statistics-new/aishe_eng.pdf、2021年11月1日最終閲覧)

6　レイプハルト．A『民主主義対民主主義：多数決型とコンセンサス型の36ヶ国比較研究』勁草書房、2005年、148頁。

7　Marginson, S. & Carnoy, M. "Higher Education in Federal Countries", M. Carnoy, I. Froumin, O. Leshukov and S. Marginson (eds.) *Higher Education in Federal*

Countries: A Comparative Study, New Delhi; SAGE, 2018, p.33.

8　*Ibid.*

9　*Ibid.*

10　孝忠延夫・浅野宣之『インドの憲法―21世紀「国民国家」の将来像』関西大学出版、2006年、59頁。

11　同上書、7頁。

12　「行財政権限が中央事項、州事項、および中央と州の共同管轄事項に明確に区分され権限をめぐる紛糾ができるだけ起きないように制度化されている」(近藤則夫「インドの中央・州関係の展開―協調的連邦制への可能性―」『アジア経済』日本貿易振興機構、第41巻、第10・11号、2000年、67頁)。

13　インドの元首で「名目上は連邦行政組織の長であり、連邦国防軍の最高指揮権を持つが、政治の実権はない。実質的な行政権は首相を首席とする閣僚会議」に与えられている。任期は5年で、国会両院の議員及び州議会の議員で構成される選挙人団によって選出される(財団法人自治体国際化協会『インドの地方自治―日印自治体間交流のための基礎知識』財団法人自治体国際化協会、2007年、1頁)。

14　州の名目的な長。「実質的な行政権限は州知事ではなく州首席大臣(州首相)」にある。任期は5年で、「大統領の任命を受けることから、州における中央政府の代表者としての性格も併せ持っている」(同上書、15頁)。

15　「州が統治能力を失った場合には、大統領が非常事態を宣言して州を直接統治できる」(同上書、14頁)。

16　賀来は中央集権的な連邦制の背景となった要素を三つ挙げている。第一は、「インドの歴史において、地方の指導者の権力が増大したときには、常に中央の権威が崩壊の道をたどった」ことである。第二に、「インドが英国植民地支配時代からの、高度に権威主義的かつ中央集権的な機構制度と行政の思潮を遺産相続した」ことである。また第三には、「憲法を制定した国民代表の中核グループが、西洋式の教育を受けた中央集権指向の都市部の中産階級エリートだった」ことである(賀来弓月『インド現代史―独立50年を検証する』中央公論社、1998年、108-109頁)。

17　孝忠・浅野、前掲書、2006年、7頁。

18　渋谷英章「インド―公共セクター縮小と高等教育拡大戦略」馬越徹編『アジア・オセアニアの高等教育』玉川大学出版部、2004年、192-207頁。
牛尾直行「インドにおける高等教育民営化の現状」『教育制度学研究』日本教育制度学会、第11号、2004年、334-339頁。
小原優貴「インド―知的資本の拡大と還流を目指す「知的資本大国」構想―」北村友人・杉村美紀共編『激動するアジアの大学改革―グローバル人材を育成するために』上智大学出版、2012年、197-210頁。

押川文子「インドの教育制度－国民国家の教育制度とその変容」押川文子・南出和余編著『「学校化」に向かう南アジア　教育と社会の変容』昭和堂、2016年、3-57頁。

佐々木宏「インド高等教育の発展動向－高等教育機関データベース All India Survey on Higher Education の検討」『アジア経済』第58巻第1号、2017年、73-96頁。

19　Pinto, M. *Federalism and Higher Education—the Indian Experience*, Pune: Sangam Books, 1984, pp.63-107.

ジャヤラム, N「インドの高等教育―大衆化と変化」アルトバック, P. G.、馬越徹編／北村友人監訳『アジアの高等教育改革』玉川大学出版部、2006年、106頁。

20　Singh, A. "Coordinating Agencies in Higher Education", Altbach, P. G., Chitnis, S. (eds.) *Higher Education Reform in India: Experience and Perspectives*, New Delhi: SAGE Publications, 1993, p.217.

21　UGC, *The University Grants Act, 1956 and Rules & Regulations under the Act*, New Delhi: UGC, 2002, p.16.

22　Altbach, P. G. "India's higher education challenges", *Asia Pacific Education Review*, Vol.15, Issue 4, 2014, pp.503-510.

23　たとえば、P.V.インディレサン「世界水準のインド研究大学への展望」フィリップ・G.アルトバック、ホルヘ・バラン編／米澤彰純監訳『新興国家の世界水準大学戦略　世界水準をめざすアジア・中南米と日本』東信堂、2013年、163-194頁。

24　Kolhatkar, M. R., *Education and Federalism in India*, New Delhi; RAWAT PUBLICATIONS, 2012.

25　Tilak, J. B. G. "Unfullfilled Need for Cooperative Federalism", Carnoy, M., Froumin, I., Leshukov, O. and Marginson, S. (eds.) *Higher Education in Federal Countries: A Comparative Study*, New Delhi; SAGE, 2018, pp.258-305.

26　牛尾直行「インドにおける「無償義務教育に関する子どもの権利（RTE2009）」と社会的弱者層の教育機会」『広島大学現代インド研究―空間と社会』Vol.2、2012年、63-74頁。

27　Institutions of National Importance, AICTE. (http://www.aicte-india.org/einp.htm、2012年7月18日最終閲覧)

28　佐々木宏『インドにおける教育の不平等』明石書店、2011年、32頁。

29　クリーミー・レイヤーとは、「OBCsの中で最も上層に位置する特権的な人々＝相対的に経済的・社会的・教育的に良好な状態にあり、政府の留保等の優遇プログラムの対象にならない人々」を指す(牛尾直行「チェンナイにおけるSC/ST/OBCs学生の学歴形成と教育制度」押川文子・南出和余編著『「学校化」に向かう南アジア―教育と社会変容―』昭和堂、2016年、238頁)。

30　"JEE Advanced 2020: Girls to have 20% supernumerary seats reserved at IITs",

The Indian Express.
(https://indianexpress.com/article/education/jee-advanced-2020-girls-to-have-20-per-cent-supernumerary-seats-reserved-at-iits-iit-delhi-jeeadv-ac-in-6306505/、2021年10月31日最終閲覧)

第1章　インド高等教育制度の成立過程

はじめに

　本章では、独立後の高等教育に関わる憲法の条文をめぐる議論や、成立した憲法をもとに連邦政府が実施してきた取り組みを検討することによって、インドにおいて中央集権的な連邦制のもとで、どのような高等教育の仕組みが構想されたのかを整理する。具体的には、まず独立前におけるインドの統治体制と高等教育の仕組みについて整理する。次に、1947年独立後のインドにおける高等教育の中央と州の権限関係がどのように成立したかについて、憲法制定議会での議論を中心に検討する。さらに、憲法制定後、それに基づいて連邦政府はどのような高等教育の仕組みを構想してきたのかについて、1951年の「大学(基準の規制)法案」や、その後成立した1956年の「UGC法」を手がかりに検討する。

第1節　独立前後におけるインドの連邦制とその成立過程

　1858年からインドは、英国領インド帝国(Indian Empire)として英国の植民地となったが、19世紀の末頃になると、インド人による自治や英国からの独立を求める声が次第に高まっていった。それに対して英国植民地政府は、第一次世界大戦における戦争への協力の見返りにインド人による自治を大幅に認めることを約束し、その結果、1919年インド統治法(Government of India Act)が成立した。しかし、1919年インド統治法全体

としては、インド側の求めた自治とは程遠い内容のものであったため、マハトマ・ガンディー（Mahatma Gandhi）らを中心とする独立運動が各地で盛り上がることとなり、英国植民地政府は改めてインド側の自治要求を受け入れる形で、1935年にインド統治法を改正した。この1935年の法律で重要なことは、植民地政府がインドの統治の方法として連邦制的統治体制を採用した点、すなわち地方(州)政府についてはインド人による自治を大きく認めた点にあった[1]。ただし、1935年インド統治法によって連邦制的統治体制が採用されたとはいえ、インド植民地統治の最高官職であったインド総督には強大な権限が与えられ、たとえば、中央レベルでは直接的に内閣の解任や議会の解散ができるだけでなく、州レベルでも自らが任命した州知事を通して間接的に州の内閣の解任や議会の解散をおこなうことができた。したがって、1935年インド統治法で採用された連邦制的統治体制については、州政府にも自らの権限があったものの、中央に大きな権限のある中央集権的なものであった[2]。

　一方、1935年インド統治法においては、連邦と州の高等教育に関する権限関係にも触れられることとなった。1935年インド統治法の第7附則の第I表には連邦管轄事項、第II表には州管轄事項があり、中央と州のそれぞれの権限(立法権)が明記されていた(**表1－1**)。

表1－1　1935年「インド統治法」第7附則における高等教育の権限

第I表　連邦管轄事項
［第12項］ 以下の目的、すなわち、研究、職業もしくは技術訓練、特定の研究の推進という目的のための連邦の機関(agencies and institutions) ［第13項］ ベナレス・ヒンドゥー大学、アリーガル・ムスリム大学
第II表　州管轄事項
［第17項］ 第I表第13項に規定された以外の大学を含む教育

出典：Ramamurthy (1974)を参考に筆者作成。

　具体的にみると、まず連邦政府には、第Ⅰ表第12項において「以下の目的、すなわち、研究、職業もしくは技術訓練、特定の研究の推進という目的のための連邦の機関」について、第13項においてそれぞれ宗教色の強い「ベナレス・ヒンドゥー大学(Benares Hindu University)、アリーガル・ムスリム大学(Aligarh Muslim University)」について権限が与えられた。それに対して、州政府には第Ⅱ表第17項において「第Ⅰ表第13項に規定された以外の大学を含む教育」に関する立法権が与えられた。

　以上のように、1947年の独立直前における中央と地方の高等教育の権限関係だけでいえば、一部を除き、大学教育のほとんどの権限は、州政府に委譲されていた。

　さて、1935年インド統治法後も英国からの独立の要求は強まり、さまざまな政治的駆け引きや衝突ののち、ついに1947年8月15日にインドは英国から独立を果たした。独立後の国家の統治法としては改めて連邦制が採用されたが、その背景については、独立以前とは異なったものであった。というのも、インドが独立後に連邦制を採用した大きな理由の一つに、独立の際のヒンドゥー教徒とムスリムの分断によるパキスタンの建国があった。すなわち、独立前は英国植民地政府がインド側に自治権を与えるために連邦制的統治体制が採用されたが、独立後は特にマジョリティであったヒンドゥー教徒がマイノリティであるムスリムを中心に自治権を与えるために連邦制を採用したのだった。具体的には、インド独立の先頭に立ち、インド初代首相となるJ. ネルー (J. Nehru)率いる「インド国民会議派(以下会議派と略)」の多数がヒンドゥー教徒であるなか、ムスリムの主要政党「イスラーム連盟」は、会議派主導の独立運動に不満をもっていた。そして、ムスリムがインドの独立後に少数派であることに危機感を強めたイスラーム連盟の指導者M. A. ジンナー (M. A. Jinnah)は、ムスリムが独自にイスラーム国家を樹立すべきだと主張した。一方、会議派は地方自治のさらなる拡大などを認めることによって最後まで説得を試みたものの、結局はパキスタンの独立を許してしまうこととなった[3]。その結果、両国

が分離独立する際に両教徒の間で暴動が起こり、100万人ともいわれる多くの犠牲者を出した。また、こうした亀裂は宗教間のみならず、カーストや言語、人種間などにも存在し、極めて多様な国民を「インド人」として統合することは容易ではなかった[4]。そこで、各地方に存在するさまざまなグループに自治を認めながらも、インド全体をまとめる中央に強い権限をもった連邦制が求められるようになった。

　以上のように、インドでは植民地時代から連邦制的統治体制が敷かれ、高等教育においては、一部の機関を中央が管轄するものの、基本的には各州が責任をもつ制度が採用されていた。それでは、中央に強い権限のある連邦制国家として誕生したインドにおいて、高等教育の中央と州の権限関係に関して具体的にどのような議論がなされ、またどのような内容が憲法に組み込まれることとなったのだろうか。

第2節　独立後のインドにおける高等教育の中央と州の権限関係の成立

　独立後の高等教育における中央と州の権限については、憲法の各管轄事項に盛り込まれることが予定されていた。そのため、憲法の草案づくりの段階において、独立前からさまざまな案が提出された。まず、憲法の内容を最終的に決定するために設けられた憲法制定議会(Constituent Assembly)は、その草案作成のために、いくつかの小委員会を設けた。そして、小委員会の一つで、連邦政府の権限について検討するための連邦権限委員会(Union Power Committee)は、1947年4月に最初の報告書を提出したが、その時点では、連邦政府の高等教育に関する権限について特に言及はなかった[5]。しかし、当時の教育関係者は高等教育における連邦政府の権限について、中央の権限強化の方向でさまざまな提案をおこなった。

　たとえば、1947年6月に教育省の大学補助金委員会(University Grants

Committee。独立後のUniversity Grants Commissionの前身)は、憲法制定議会が憲法顧問に任命したB. N. ラウ(B. N. Rau)に対し、以下の二点に関する書簡を送った。一つは、「デリー大学(University of Delhi)、アリーガル・ムスリム大学、ベナレス・ヒンドゥー大学は、連邦の直轄のもとで、中央もしくは連邦の事項のままでなければならない」[6]という内容のものであった。すなわち、独立前から連邦政府の管轄だったデリー大学を含む三大学については、引き続き連邦政府が管轄することを求めるものであった。もう一つは、「連邦の権限のもとでのもう一つの事項として、(中略)それは大学教育の調整された発展(the Coordinated Development of University Education)である」[7]という内容のものであった。つまり、連邦政府が何らかの形で各州の高等教育を調整し、インド全体としての発展を求めるものであった。また、憲法の起草委員会(Drafting Committee)のメンバーでもあったK. M. ムンシ(K. M. Munshi)は、1947年7月に開かれた連邦権限・憲法委員会で、「研究と高等教育の調整」という新たな項の提案をおこなったものの、その時点では過半数の投票によって提案は却下された[8]。

　一方、1948年当時の教育省の大臣だったM. A. K. アザド(M. A. K. Azad)は、起草委員会のメンバーに宛てた書簡のなかで、「インド連邦におけるすべての公的、私的な教育・文化的な組織は、法に従って、連邦政府の監督の対象となる」[9]ことを提案し、「インドにおける教育の現在の発展状況において、中央の指導があるべきだ」[10]と述べた。それに対して教育省自身も、最終的に連邦の権限のリストに以下三つの内容が盛り込まれるよう提案した。一つ目は「ベナレス・ヒンドゥー大学、アリーガル・ムスリム大学、デリー大学、国会での法律によって国家的に重要であると言明されたその他の大学」[11]を管轄する権限を求めるものであった。これについては、先のラウの要求に加え、その他の大学についても連邦政府が管轄するという内容であった。二つ目は「インド政府によって全部もしくは一部で資金が用いられている科学あるいは科学技術教育のための機関であり、国会での法律によって国家的に重要であると言明されたそうした

機関」[12]を管轄する権限を求めるものであった。すなわち、大学以外に「国家的に重要である」と認めた機関については、新たに連邦政府が管轄するという内容である。三つ目は「調整と基準の維持が必要な場合、連邦が国会で法によって言明することによって、中等後教育、科学、科学技術の機関の監督」[13]をおこなう権限であった。これについても、先のラウやムンシの要求と同様の内容である。

　以上のように、当時の中央の教育関係者の多くは、独立前には一部の大学のみを管轄するだけだった中央の高等教育に関する権限を強化することを提言し、そして1949年7月の起草委員会では、上記に挙げられたような提案を憲法草案に盛り込むかどうかが議論された。この段階で特に議論になったのは、中央に高等教育全体の調整と基準の維持をおこなう権限を認めるかどうかであった。具体的には、連合州（ウッタル・プラデーシュ州の旧称）の首相であったG. B. パント（G. B. Pant）は、すべての教育費を州が支出しているにもかかわらず、中央が監督権限をもつことは適切ではないとして、中央が中等後教育の監督をするなどの権限を連邦のリストに加えることに反対した[14]。しかし、一般的な意見としては中央が基準の維持をおこなうことに好意的であり、初代首相のネルーも、「すでに国の一部で認められる大学教育の水準の低下がますます進む傾向をチェックするために」そのような権限を中央に与えることを求めた。その結果、起草委員会は中央に「調整と基準の維持」をおこなう権限を与えることを認め、草案にその内容を盛り込むことを決定した[15]。

　それでは、起草委員会でまとまった中央の権限強化を目指した憲法草案について、各州の代表も集まる憲法制定議会では最終的にどのような議論がおこなわれ、そして、どのような内容に決着したのか。憲法制定議会で検討された憲法草案の主な内容は、①中央が管轄する高等教育機関の範囲について、②中央による高等教育全体の調整と基準の設定について、③州の権限について、の三つであり、高等教育を含めた教育の権限に関する議論は、1949年8月におこなわれた。

　まず検討されたのは、①中央が管轄する高等教育機関の範囲について
であった。具体的には、起草委員会の議長であり、インドの不可触民制
の撤廃運動でも有名なB. R. アンベードカル(B. R. Ambedkar)が、「この憲
法が施行される時点で、ベナレス・ヒンドゥー大学、アリーガル・ムスリ
ム大学、デリー大学として知られている機関と、国会が法によって国家的
に重要な機関であると言明したその他の機関」[16]という条項を、インド憲
法第 7 附則第Ⅰ表連邦管轄事項第 40 項として採用するかどうかを提案し
た。また、委員の一人P. S. デーシュムク(P. S. Deshmukh)は、第 40 項Ａと
して、上記の内容に加えて「国会が法によって国家的に重要な機関である
と言明し、政府がすべてあるいは一部で資金提供している科学教育もしく
は科学技術教育の機関」[17]を追加条項として要求した。これらの内容につ
いては、先に教育省が提案した内容と同様のものになっている。

　これら中央の権限強化に対して、賛成と反対の立場からさまざまな意
見が出た。中央の権限強化に賛成の立場として、委員の一人であるB. プ
ラサド(B. Prasad)は、第 40 項の内容を「教育」とし、高等教育を含む教育
全般を中央がおこなうべきであると主張した[18]。また、「教育」に加えて、「イ
ンドのすべての大学、最先端科学を扱う機関、公私の教育文化施設は、
中央政府の監督、管理、統制のもとにあるものとする」[19]という文言の追
加も要求した。というのも、インドは独立前まで英国植民地政府が統一的
な統治をおこなってきたことに加え、それによって科学的で、堅実で、効
率的な行政をおこなってきたので、単一国家から連邦制国家へ移行する
必要がそもそもないというのがその理由だった[20]。また、州には財政的に
も大学等を管理する能力がないことも、中央のみが高等教育機関を管理
すべき理由として挙げられた[21]。それに対して、S. L. サクセナ(S. L.
Saksena)は、大学教育は中央の事項であり、「中央集権化がよりよい調整
をおこない、よりよい管理となり、その結果国家的な統一が進む」[22]として、
中央が大学を管轄することに賛意を示した。

　一方で、中央の権限強化に反対の立場として、委員のN. アフマド(N.

Ahmad)は、第40項の案のなかの「デリー大学として知られている機関と、国会が法によって国家的に重要な機関であると言明したその他の機関」を削除するよう求めた。その理由として、「ベナレス・ヒンドゥー大学とアリーガル・ムスリム大学については、その設立の発端からして国の特徴を示すものであり、(中略)それゆえにそれらを国家的な機関としてみなすのは妥当であり、連邦の権限のもとにあるのはふさわしい」[23]としながらも、デリー大学やその他の高等教育機関については、最終的に州が管轄すべきだと主張した。そして、「州が自らの事柄をし、失敗を重ね、経験から学ぶことが許されてこそ、民主主義が発展する唯一の道」[24]だとして、第40項の案は中央の権限を不当に拡大するものであるとして強く批判した。また、H. V. カマス(H. V. Kamath)は、第40項Aの案の「国会が法によって国家的に重要な機関であると言明したその他の機関」の削除を求め、三大学はよいとしても、その他の機関も管轄するようになれば、たとえばヨガの施設などが国家的に重要な機関に加えられるような、政府の恣意的な関与が生じるおそれに懸念を示した[25]。

このように、いくらかの反対意見があったものの、結果的には第40項および第40項Aが連邦管轄事項に加わることが多数の賛成によって可決され、三大学に加え、連邦政府が国家的に重要とみなした機関については、それらを管轄することとなった。

次に検討されたのは、②中央による高等教育全体の調整と基準の設定についてであった。先と同様、まずアンベードカルが「高等教育のための機関、科学・科学技術教育機関、研究機関における調整と基準の設定」[26]という条項を、連邦管轄事項第57項Aとして採用するかどうかを提案した。その目的としては、州立の機関を含むすべての機関について、それらの機関の質の低下を防ぐために、限られた範囲内において、中央に調整と基準の設定の権限を与えるというものであった[27]。

これに対して、中央の権限強化に賛成と反対の立場からさまざまな意見が出た。中央の権限強化に賛成の立場として、たとえばS. P. シン(S. P.

Singh) は、「大学のなかには学位の質が低いところがあるので、統一的な教育政策は必要である」[28] と主張した。

　その一方で、中央の権限強化に反対の立場として、V. S. サーワテ(V. S. Sarwate) は、「調整と基準の設定」という文言を「財政的な支援や別の方法による振興」[29] に置き換えることを提案し、アンベードカルの提出した案は、州の教育権の不当な介入であるとして強く批判した。そのうえで、サーワテは、先の第40項の議論の際にあったプラサドの発言(「州には財政的にも大学等を管理する能力がないことも、中央のみが高等教育機関を管理すべき理由」)を念頭に、それならば教育の権限を中央に移すのではなく、そもそも州に十分な資金を与えるべきだと主張した。また、基準の統一が必要なのではなく、多様性や相違が確保されるべきであり、画一性は個々の成長を止めてしまうとして懸念を示した。さらに、州に資金がないのならば、私立の学校を増やすことを推進し、それによって多様性を確保できるとも述べた[30]。そしてこれらに加え、他の連邦制国家における教育のあり方も例に挙げ、「教育に関する限り、すべての連邦制国家で採用されてきた政策は、中央は基準を定めるという権限をもたないというものである。連邦制国家は、この領分においては、州に完全な自由を与えるべきである。しかし、補助金に関しては、アメリカでもオーストラリアでもカナダでもおこなわれており、同様の方法を中央は模倣すべきである」[31] と主張した。ただし、それに対してデーシュムクは、先の「サーワテ氏による発言は傾聴すべきものであると認めるが、おそらく多くのメンバーには届いていない」[32] と述べた。なお、ここでデーシュムクの発言は、サーワテのような分権的な立場に賛成の意見が、憲法制定議会において非常に少数派であることを示唆している。また、S. L. サフ(S. L. Sahu) は、州が大学を管理している現状において、大学には多くの自由が確保されているため、もし中央が介入すればこうした自由が侵害される恐れがあるとして、第57項Aに反対した[33]。

　こうしたさまざまな意見が出るなか、アンベードカルは、なぜ第57項

Aが必要かを改めて説明した。「調整と基準の設定」の例として大学での学内試験の現状を挙げ、マドラス大学のB. A.（Bachelor of Arts、教養学士）の試験が15％の得点率で合格しているのに対して、ビハール大学のそれが20％の得点率で合格しているのは果たしてそれでいいのかとして疑問を呈した[34]。ただし、政府が適切だと考える手段によって基準を維持するが、政府が具体的に何をするかは現時点では何もいえないとし、「調整と基準の設定」が具体的に何を指すのかについては明言を避けた[35]。

　そして、第57項Aについて検討がおこなわれた結果、サーワテの提案（「調整と基準の設定」という文言を「財政的な支援や別の方法による振興」に置き換える）は却下され、アンベードカルの提案が採用された。すなわち、原案のとおり、中央には高等教育全体の調整と基準の設定に関する権限が認められることとなった。

　最後に検討されたのは、③州の権限についてであった。アンベードカルは、「第I表（連邦管轄事項）の第40項、第40項A、第57項、第57項A、ならびに第III表（共通管轄事項）の第17項Aを前提とした、大学を含む教育」[36]という条項を、第II表州管轄事項第18項として採用するかどうかを提案した。すなわち、連邦政府の国立大学等を設置する権限と、高等教育全体の調整と基準の設定という権限の二つを前提としたうえで、その他の大学教育に関しては州の権限にするという内容のものであった。

　それに対して、ここでは高等教育を含む教育全般の権限を州に与えることに強い反対の意見が出た。たとえば、M. H. モハニ（M. H. Mohani）は、中央にすべての権限をもたらすべきではなく、大学を含む教育を連邦管轄事項とはいわないまでも、教育は共通管轄事項にすべきで、州の事項にすべきではないとし、第18項に反対した[37]。一方で、先のサクセナは、「一つの統一した国家建設のために、少なくとも高等教育は中央の事項とすべきであると固く信じる」[38]として、新たな第18項の案として「中等までの教育」を提言した。サクセナはその理由を二つ挙げ、一つは、インドは他の先進国のように豊富な資源はないので、それゆえに各地域にある

大学は特定の科目のみを提供するようにすべきであるというものであった。
もう一つは、すでに各州は初等中等教育に多くの資金を費やしており、大
学教育を適切におこなうだけの余裕がないとした[39]。

　しかし、第18項も結局認められ、連邦管轄事項の第40項、第40項A、
第57項A、州管轄事項の第18項として採択された事項は、1950年にそ
れぞれインド国憲法の連邦管轄事項の第63項、第64項、第66項、州管
轄事項の第11項として正式に組み込まれることとなった（**表1－2**）。また、
州管轄事項第32項として、連邦政府の管轄の大学を除く大学の設置、規
制、解散の権限が加えられることとなった。

表1－2　1949から76年までの「インド憲法」第7附則における高等教育の権限

第Ⅰ表　連邦管轄事項
［第63項］ ベナレス・ヒンドゥー大学、アリーガル・ムスリム大学、デリー大学、および連邦議会が法律によって国家的に重要な機関であると言明したその他の機関
［第64項］ インド政府によってすべてのもしくは一部の資金が提供されており、連邦議会が法律によって国家的に重要な機関であると言明した科学教育あるいは科学技術教育のための機関
［第66項］ 高等教育や研究のための機関、科学あるいは科学技術の機関の調整と基準の設定
第Ⅱ表　州管轄事項
［第11項］ 大学を含む教育 ［第32項］ 第Ⅰ表に記載されたもの除く法人および大学の法人化、規制ならびに解散。法人化されていない商業、識字、科学、宗教およびその他の団体ならびに協会、組合

出典：出典：Ramamurthy（1974）を参考に筆者作成。

　以上のように、憲法制定議会において、①中央が管轄する高等教育機
関の範囲について、②中央による高等教育全体の調整と基準の設定につ

いて、③州の権限について、の三つが最終的に検討された。全体的には、独立前と比べて中央の権限を強化する方向で議論が進められ、それに対して強い反対意見があったものの、結果として①については、連邦政府は三つの国立大学をはじめとする機関の管理と国家的に重要な機関の設置認可をおこなう権限が認められた。

　また②については、その具体的な内容は不明確なままだったものの、連邦政府には高等教育全体の調整と基準の設定に関する権限が認められた。

　最後に③については、①②を前提としつつも、原則的に大学教育については州の権限であることが決定された。

　それでは、憲法における高等教育の連邦政府、州政府の各権限が定められた一方で、憲法制定議会では触れられなかった中央による高等教育全体の調整と基準の設定は、具体的にどのような内容になったのか。次節ではそれらを整理する。

第3節　「大学法案」と「UGC法」

　1950年に憲法が施行されると、連邦政府は早速この第66項の権限に基づき、高等教育に関する新たな法案づくりに着手した。そして、1951年に当時の教育省の主導で「大学(基準の規制)法案(Universities (Regulation of Standards) Bill、以下「大学法案」と略)」が国会に提出された。また、この法案は副題として、「大学の調整と基準の決定に関わる事柄を規制する」[40]とある。この法案は冒頭において、「インド憲法は、国会に『高等教育機関の調整と基準の決定』に関わる独占的な権限を与えている。連邦政府は新大学を設置し、地域の権限を定義し(definition of territorial jurisdiction)、新旧大学の教育や試験の基準を決定するような権限をもっているので、機関の調整をおこなったり、それらの基準を定めたりできるのは明らかである」[41]と謳われている。そして、こうした根拠のもとで、主として以下の六つの内容が盛り込まれることとなった。

　一つ目は、「この法律の施行後に州法によって設置された大学は、中央
政府がその法的効力を通知によって宣告しない限りは、大学としてみなさ
れない」[42]というものである。すなわち、州立大学を含め、何を大学と
してみなすのかの基準の設定と、大学の設置認可の最終判断を中央がおこ
なうという内容であった。二つ目は、「中央政府には、大学以外のいかな
る高等教育機関も大学であると宣告することができる」[43]というものであ
る。これについては、後の準大学が想定されている。三つ目は、「大学以
外の機関は学位を授与する権限がない」[44]というものである。つまり、イ
ンドにおいて学位授与権があるのは大学(University)のみであり、それ以外
の高等教育機関(たとえばカレッジ)などについては、学位授与権を認めな
いというものである。四つ目は、「調整と基準の決定を実施するために、
大学教育中央委員会(Central Council of University Education)が設立される。
委員会の少なくとも3分の1の構成員は、(大学の)副学長である」[45]とい
うものである。すなわち、連邦政府の権限の実質的な実行役として新たに
委員会を設立することが計画されている。また、委員会に大学の副学長(イ
ンドの大学において副学長は実質的なトップ、学長は国立大学の場合は大統領が
務める)をメンバーに加えることで、大学による自治権も認めていると捉え
ることができる。五つ目は、「中央委員会は、大学からその活動に関わる
情報を求めることができ、大学の執行部にそのようにするよう指示する権
限をもつ」[46]というものである。つまり、大学に関する情報を中央が収集・
管理し、その活用をすることが目的とされている。最後に六つ目は、「妥
当な期間内に大学が中央委員会からの指示に従えなかった場合、中央委
員会は中央政府に、そのような大学から授与される学位に対する承認を
取り消すよう勧告する権限がある」[47]というものである。

　これらの内容は、各州政府と大学に伝えられ、州政府に関しては、一
州を除き、実はこの法案に反対した州はなかった。というのも、インド憲
法が施行されてから2年も経過しておらず、また連邦政府に与えられた
調整と基準の設定という権限が実行されることにネルー首相の穏やかなリ

ーダーシップのもとで意見の一致がみられていたため、州からの批判はほとんどなかったからだと考えられている[48]。また、当時は中央も州もすべて会議派が与党を占めていたため（いわゆる「一党優位体制」）、政治的な立場がおおよそ一致していたことも州からの批判がなかった大きな理由であった[49]。

　一方で、1952年9月に、当時30校弱の大学のうち20校以上もの大学の副学長が参加した会合のなかで、今回の大学法案によって中央は大学の自治を奪おうとしているとし、大学側は法案に強く反対した[50]。大学側の主張としては、①大学のアカデミックな基準を規制し、維持し、調整するのは、大学自身であること、②規制等をおこなうのが外部の組織（法案でいえば「大学教育中央委員会」）といえども、それは大学の自治を侵害することを意味する、③もし水準が低いならば、それは主に資金不足によるものであり、適切な資金が提供されればほとんど問題はない、という三点であった[51]。そして、大学側としてその水準の維持・向上のために最も重要なことは、③にあるように、中央から十分な資金を得ることであった。つまり、中央による規制ではなく、大学に十分な資金さえあれば、あとは大学による自己管理によって高い水準を維持できると大学側は主張したのだった。この点は、州と大学という違いはあるものの、まさに先の憲法制定議会でのサーワテの意見とも同様のものであった。そこで、そうした水準の維持・向上のために大学に補助金を分配するための組織のモデルとして挙げられたのが、宗主国である英国の大学補助金委員会という補助金の分配をおこなうための組織であった。実際に独立前のインドにも非公式の形ではあるが大学補助金委員会（先も述べたように、現在のUGCの前身の組織）が教育省内に設置され、いくらかの補助金を大学に分配していた。また、独立後の大学教育について諮問するために1948年に政府が設けた大学教育委員会（University Education Commission、議長のS. ラーダクリシュナン（S. Radhakrishnan）の名を冠してラーダクリシュナン委員会とも呼ばれる）も、同様の委員会の設置を勧告していた[52]。

　以上のように、中央は憲法における高等教育全体の調整と基準の設定に関わる権限を具体化させるために大学法案の成立を目指したが、結果として大学からの反対を受けることで、法制化を実現させることはできなかった。そこで、大学側の主張や大学教育委員会の勧告の内容を受ける形で、1954年9月に新たにUGCの設置に向けた法案が連邦議会に提出され、翌1955年に議論されたのだった。

　この際に改めて確認されたことは、「大学教育は州の事項であり、州は大学とそのカレッジの維持管理に責任を負うべきである。中央はこれらに関しては責任を負うべきではない」[53]ということであった。そして、1956年に「UGC法」が議会で成立し、UGCの設置が決まった。

　この法律のもとでUGCは**表1−3**のような役割をもつものとされた[54]。それでは、UGCの役割はどのようなものになったのか。「UGC法」第3章「委員会の権限と役割」の第12条には「委員会の役割」の条項が設けられており、それによると、UGCは「大学やその他の関係機関と協議し、大学教育の推進や調整のため、また大学の教育・試験・研究の基準の設定と維持のために適切だと考えられるあらゆる措置を講じることが委員会の任務である」とある。なお、この「試験」は大学内でおこなわれる期末試験等を指す。

　そして、「UGC法」に記載されたUGCの役割を簡単にまとめると、(a)から(c)は主として高等教育機関に対する補助金に関する規定、また(d)から(i)は主として高等教育機関についての助言や情報収集、規則等に関する規定であり、UGCの役割は基本的にこの二つであることが定められた。

　また、**表1−4**のように、第5章「雑則」の第26条には「規則（regulations）を定める権限」の条項が設けられている[55]。

　これらも簡単にまとめると、(a)から(c)は、UGC内部に関わる規定であるが、(d)から(g)にかけては、連邦管轄事項第66項の高等教育全体の調整と基準の設定に関わるものとなっている。特に第3章で取り上げる大学教員についていえば、(e)にあるようにUGCには大学教員の資格を

表 1 − 3 「UGC法」第3章「委員会の権限と役割」第12条「委員会の役割」

（a）	大学の財政的な必要性を調べる
（b）	委員会の財源から、大学の維持や発展、もしくはその他一般的または特定の目的のために、連邦法のもとで設立された大学に補助金を配分する
（c）	（発展に必要あるいは適当である、もしくは特定の活動の維持か発展あるいは両方のために、もしくは）その他一般的または特定の目的のために、大学とそれと同等の機関に対し、委員会はその財源から補助金を配分する
（d）	大学教育の改善に必要な方法を大学に推奨したり、そのような推奨を実行したりするためにとるべき行動を大学に勧告したりする
（e）	場合によっては、中央の整理公債基金もしくは州の整理公債基金から一般あるいは特定の目的のために大学への補助金の配分を中央政府もしくは州政府に勧告する
（f）	新たな大学の設置、あるいは大学の活動の拡大に関係した提案について助言を求められた場合、関係機関に助言をする
（g）	場合によっては、中央政府もしくは州政府もしくは大学によって委員会に質問があれば、中央政府もしくは州政府もしくは大学に助言する
（h）	大学にとって適切と判断し、利用可能な形で、本国や他国の大学教育に関わるすべての事柄の情報を収集する
（i）	大学の財政状況に関する情報、もしくはさまざまな各学問分野に関する大学の教育や試験の水準に関わるすべてのルールや規則に加えて、大学のさまざまな学問分野における学習に関する情報を委員会に提供することを大学に求める
（j）	インドの高等教育を発展させる、もしくは上記の役割を果たすのに付随するあるいは貢献するその他の役割を果たす

出典：「UGC法」をもとに筆者作成。

表 1 − 4 「UGC法」第5章「雑則」第26条「規則を定める権限」

（a）	委員会の会合や任務を遂行するための手続きを規制する
（b）	第9条のもとで委員会と関係する人物のマナーと目的を規制する
（c）	委員会によって採用された職員の業務の期間や条件を規定する
（d）	第2条(f)のもとで委員会によって認められた機関もしくは機関の授業を規定する
（e）	教育の分野に関わる大学の教職員として任命される人物に一般的に求められる資格を定義する
（f）	大学による学位授与のために教育の最低限の基準を定義する
（g）	大学における活動あるいは施設の基準の維持と調整を規制する

出典：「UGC法」をもとに筆者作成

定める権限や、(f)にあるように大学教員の資格(Ph.D.)とも関わりのある学位の基準を定める権限がある。

　一方で、先の「大学法案」は、主として六つの内容を求めていたが、それらを「UGC法」の内容と簡単に比較すると、まず二つ目にあった「中央政府には、大学以外のいかなる高等教育機関も大学であると宣告することができる」については、「UGC法」第3条において、連邦政府は大学以外に準大学を認める権限が与えられることとなった。また、三つ目にあった「大学以外の機関は学位を授与する権限がない」については、UGC法第22条において「学位授与の権限」が定められており、連邦法もしくは州法で設置された大学と、準大学のみにあるとされている。さらに、四つ目の「大学教育中央委員会の設立」はUGCにとって代わり、五つ目の大学の情報収集については、上述したように、「UGC法」第12条(h)にある。これらに対して、一つ目の「…大学は、中央政府がその法的効力を通知によって宣告しない限りは、大学としてみなされない」および六つ目の「妥当な期間内に大学が中央委員会からの指示に従えなかった場合、中央委員会は中央政府に、そのような大学から授与される学位に対する承認を取り消すよう勧告する権限がある」といった中央の強い権限は、「UGC法」では認められなかった。

　以上のように、連邦政府は1951年の「大学法案」に代えて、「UGC法」を成立させた。UGCは、高等教育機関に対する補助金の分配と助言の二つが主な役割であることに加え、高等教育全般に関わる規則を設けることもできるとされている。

　それでは、「UGC法」施行後のインド高等教育はどのような状況にあったのか。次節では、1972年のUGC法改正、およびI. ガンディー（I. Gandhi）時代の中央集権化と1976年の憲法改正について簡単に整理する。

第4節 「UGC法」後の高等教育

　まず、1972年の「UGC法」改正について整理する。1956年以降「UGC法」の中身はいくらか修正されてきたが、そのなかでも最も大きな変化の一つだったのが、1972年に改正された際に追加された内容である。

　具体的には、UGCは設立以来、特に基準のないまますべての大学に対して一定の補助金を分配してきたが、1972年に「UGC法」が改正された際には、1972年以降に設立された大学に限り、もしUGCが要求する基準を満たさない場合、大学は補助金を受け取ることができなくなった（**表1－5**）。そして、これによって実際いくらかの州立大学が補助金を受け取ることができなくなった[56]。こうした背景の一つとして、以前から高等教育の質の低下などを懸念し、中央の権限強化が議論されるようになったことがある[57]。

　一方で、1970年代半ばにおいて、当時のガンディー首相は非常事態宣言によって反対派を弾圧するなど強権的な政治をおこない、さらには政治的な混乱を収めるために憲法を改正することによって連邦政府の権限の強化を図った（第42回憲法改正）。その結果、連邦政府の権限の強化は教育に関する事項にも影響した。

　具体的には、それまで第Ⅱ表州管轄事項第11項にあった「教育（に関する立法）」の権限が削除され、その中身は第Ⅲ表共通管轄事項第25項へと移行された（**表1－6**）。これにより、州政府だけでなく、連邦政府も「大学教育を含む教育」に関する法律を制定できるようになった。ただし、1980年代以降の最高裁の判決によって、インド憲法において改正してはならない基本構造として「連邦制」が含まれており、インドでは連邦制がその国家の基本構造において非常に重要な要素であることが改めて示されている。

表1－5　1972年の「UGC法」改正によって追加された第12条B

第12条B
補助金を受けるに相応しいとUGCが言明しない大学に対する補助金の提供の禁止 …補助金を受けるに相応しいとUGCが言明しない限り、1972年の(改正)UGC法の施行後に設置された大学は、中央政府、UGC、もしくは中央政府から資金を受け取っているその他の組織による補助金を提供されない。

出典：「UGC法」をもとに筆者作成。

表1－6　1976年以降の「インド憲法」第7附則における高等教育の権限

第Ⅰ表　連邦管轄事項
［第63項］ ベナレス・ヒンドゥー大学、アリーガル・ムスリム大学、(デリー大学、憲法371条Eの施行において設置された大学を含む)連邦議会が法律によって国家的に重要な機関であると言明したその他の機関 ［第64条］ インド政府によってすべてのもしくは一部の資金が提供されており、連邦議会が法律によって国家的に重要な機関であると言明した科学教育あるいは科学技術教育のための機関 ［第66項］ 高等教育や研究のための機関、科学あるいは科学技術の機関の調整と基準の設定
第Ⅱ表　州管轄事項
［第32項］ 第Ⅰ表に記載されたものを除く法人および大学の法人化、規制ならびに解散。法人化されていない商業、識字、科学、宗教およびその他の団体ならびに協会、組合
第Ⅲ表　共通管轄事項
［第25項］ 第Ⅰ表第63項、第64項および第65条の規定に基づく、技術教育、医学教育および大学教育を含む教育、労働者の職業訓練および技術教育

出典：Ministry of Law and Justice, *THE CONSTITUTION OF INDIA*, New Delhi; JAINCO ART INDIA, 2015.を参考に筆者作成。

おわりに

　本章では高等教育に関わる憲法の条文をめぐる議論や、それらをもとに
独立後に実施された取り組みを検討することによって、インドにおいて中
央集権的な連邦制のもとで、どのような高等教育の仕組みが構想された
のかを整理してきた。

　まず1947年独立後のインドでは、中央集権的な連邦制のもとで、高等
教育の連邦と州の権限関係も設計された。憲法制定議会では、中央の権
限拡大に対する反対意見があったものの、連邦政府には国立大学等の設
置の権限に加え、独立前にはなかった高等教育全体の調整と基準の設定
という新たな権限が与えられた。そのため、その後はより具体的な施策が
議論された。1951年に連邦政府は、大学の最終的な認可を中央の権限に
することや、中央が設置する委員会の指示に従えなかった場合は、中央
が大学から授与される学位に対する承認を取り消すよう勧告できるように
することなどを目的とした「大学法案」の成立を目指したが、その際は大学
の強い反対により法案は成立しなかった。

　それに対して、大学の質の維持向上のためには、規制ではなく、大学
に補助金を分配することが重要であるとして大学関係者などから財政支
援が求められるようになり、その結果、大学に補助金を分配することに加
え、大学運営に関する助言を与える等の組織としてUGCが1956年に設
置された。その一方で、1976年には憲法の改正がおこなわれ、これまで
高等教育を含めた「教育」に関する立法の権限は州にあったものの、中央
と州の共通管轄事項に移行されることとなった。しかし、1990年代まで
のインド高等教育についていえば、質の低下に対する懸念が繰り返し表
明されていたものの、特に中央も大きな施策を試みることはなかった。

　それでは、こうした憲法における枠組みのもと、1990年代以降連邦政
府はどのような政策を展開していったのか。次章からは、そうした政策に
ついてより具体的に検討していく。

注

1　堀本武功「南アジア政治の見取り図」堀本武功・三輪博樹編著『現代南アジアの政治』放送大学教育振興会、2012年、18-19頁。

2　中溝和弥「インドにおける中央・州関係の展開」堀本武功・三輪博樹編著『現代南アジアの政治』放送大学教育振興会、2012年、106-107頁。

3　森本達雄『インド独立史』中公新書、1972年、204頁。

4　中溝、前掲書、2012年、105頁。

5　Ramamurthy, M.S.,"The Constitutional Framework", Singh, A. and Altbach, P.G.(eds.) *The Higher Learning in India*, Delhi; VIKAS PUBLISHING HOUSE PVTLTD, 1974, p.6.

6　*Ibid.*, p.6.

7　*Ibid.*

8　*Ibid.*

9　*Ibid.*, p.7.

10　*Ibid.*

11　*Ibid.*

12　*Ibid.*

13　*Ibid.*

14　*Ibid.*, p.8.

15　*Ibid.*

16　The Constituent Assembly of India, *CONSTITUENT ASSEMBLY DEBATES: OFFICIAL REPORT Volume IX 30-7-1949 to 18-9-1949*, New Delhi; Lok Sabha Secretariat, 1999, p.761.

17　*Ibid.*

18　*Ibid.*, p.762.

19　*Ibid.*, p.763.

20　*Ibid.*

21　*Ibid.*

22　*Ibid.*, p.766.

23　*Ibid.*, p.761.

24　*Ibid.*, p.762.

25　*Ibid.*, p.764.

26　*Ibid.*, p.788.

27　*Ibid.*

28　*Ibid.*, p.795.

29　*Ibid.*, p.789.

30 *Ibid.*

31 *Ibid.*, p.790.

32 *Ibid.*, p.791.

33 *Ibid.*, p.795.

34 *Ibid.*, p.796.

35 *Ibid.*

36 *Ibid.*, p.881.

37 *Ibid.*, pp.883-884.

38 *Ibid.*, pp.885-886.

39 *Ibid.*

40 Singh, A. *Fifty Years of Higher Education in India*, New Delhi; SAGE
PUBLICATIONS, 2004, p.32.

41 *Ibid.*

42 *Ibid.*, p.33.

43 *Ibid.*

44 *Ibid.*

45 *Ibid.*

46 *Ibid.*

47 *Ibid.*

48 *Ibid.*

49 *Ibid.*

50 *Ibid.*, p.34.

51 *Ibid.*, p.36.

52 *Ibid.*

53 *Ibid.*

54 University Grants Commission, *The University Grants Commission Act, 1956, and
Rules & Regulations under the Act*, New Delhi; UGC, 2002.
(https://www.ugc.ac.in/oldpdf/ugc_act.pdf、2021年11月1日最終閲覧)

55 *Ibid.*

56 Ramamurthy, 1974, op.cit., p.14.

57 特に高等教育に関しては州管轄事項ではなく、共通管轄事項として扱うべきで
あるという議論は存在していた。たとえば1960年代初めには、国会議員でつく
る高等教育に関する委員会は、少なくとも高等教育だけでも共通管轄事項に移
行すべきだということを求めている (Bhattacharjee, K. S., "Centre-State Relations
in Education.", In Grover, V. and Arora, R., (ed.) *Encyclopaedia of India and Her
States 3: Indian Federalism and Centre-State Relations*, New Delhi: Deep & Deep

Publications, 1998, p.287.)。

第2章　高等教育機関をめぐる連邦政府の動向

はじめに

　本章では、1990年代以降、本格的な市場化とそれに伴うグローバル化、また高等教育の拡大とそれに伴う学生の多様化に対応して、中央による高等教育機関の設置認可がどのようにおこなわれたのか、また高等教育機関の規制等についてはどのように進められたのかを検討する。具体的には、まず1990年代以降にインドで初めて登場した私立大学や、国立大学、準大学、国家的重要機関、また外国高等教育機関の設置認可をめぐる連邦政府の動向を検討する。一方で、2000年代以降の高等教育の質をめぐる批判に対応する形で検討された連邦政府による高等教育の一元的な管理をめぐる動向や、2010年代以降の「国家高等教育計画(Rashtriya Uchchatar Shiksha Abhiyan)」と呼ばれる連邦政府による新たな試みについても検討する。

第1節　連邦政府による高等教育機関の設置認可

　本節では、私立大学、準大学、国立大学、国家的重要機関、外国高等教育機関の順に、各機関をめぐる連邦政府の設置認可の動向について検討する。

第1項　私立大学の設置認可

　私立大学の設置認可の話の前に、その設置認可やその後の高等教育における連邦政府の施策のきっかけともなったインドの政治経済的な変化について簡単に説明する。

　インドは独立以降、政治的には議会制民主主義を基調とする連邦制国家である一方で、経済的には資本主義と社会主義のいずれとも異なる「混合経済」を採用し、一部の私企業を認めつつも、基本は連邦政府主導の「計画経済」によって国の発展を目指してきた[1]。

　1951年に「第1次5カ年計画(1951-56)」が開始され、その後「第2次5カ年計画(1956-61)」からは、重工業を基幹産業とする本格的な国家建設が進められた。この国家建設の理念は「社会主義型社会」と呼ばれ、それは「階級もカーストもない社会へ前進する道であり、平和的手段による社会革命である」[2]とされた。経済的には、①主要な生産手段の社会統制、②生産の拡大、③富の公平な配分、④完全雇用の実現、また社会的には、民主主義的で、身分的平等主義で社会正義のおこなわれる社会を目指すものであった[3]。

　こうした5カ年計画を中心とする国家建設は、やがて工業分野や農業分野など一部において成功を収めつつあったが、時の経過とともに経済的な生産性や競争力は、その非効率性や閉鎖性によって次第に停滞しはじめることとなる[4]。そこで、1980年代から部分的に経済の自由化が推し進められたが、この時点では依然として本格的な市場化と呼べるものとはいえなかった。

　しかし、1991年に旧ソ連や東欧社会主義国の崩壊によって第二次世界大戦後の冷戦構造が大きく転換するなかで、計画経済が行き詰まり、その結果インドは深刻な経済危機に直面した[5]。そこで、同年におこなわれた第10回連邦下院選挙後に首相に就任したN. ラオ(N. Rao)は、国際通貨基金(IMF)と世界銀行の勧告に従い、借入金を受け取る代わりに市場開放などの自由化が要求される「構造調整計画」を受け入れた。そして、その

後のインドは本格的な市場化やグローバル化の波にさらされることとなる[6]。

　「第8次5カ年計画(1992-97)」はその前文において、「計画は独立以来政策展開の柱の一つで、今日の強みは計画の成果であるから、これからの開発は不必要な統制や規制をなくし、政府の介入を撤廃して市場原理に委ねる」[7]との方向性を示した。一方で5カ年計画については、「マクロ経済の運営や貧しい人々及び弱者に配慮するため」[8]と位置づけられ、その後も継続されることとなる。

　一方、1990年代以降のインドは、政治的にも混乱の時期を迎える。1996年の第11回連邦下院選挙では、一党優位体制を維持してきた会議派が敗れた。この時期は、会議派から、左派政党や地域政党による連合である「統一戦線」、そしてヒンドゥー・ナショナリズム[9]を提唱する「インド人民党」と政権交代が度重なって起き、中央のみならず中央と州との間でも政策の合意形成がより難しくなっていく。その後2004年の第14回選挙では再び会議派率いる連立政権が与党に返り咲き、2014年まで長期政権が続いた。その間インドは、GDPの経済成長率が10%以上を記録するなど、世界の注目を集めはじめたが、格差の問題が依然解消されないことや、経済成長の停滞などを理由に、2014年におこなわれた第16回選挙では、再びインド人民党が政権の座に就いている(2019年の第17回選挙ではインド人民党が大勝し、2021年11月時点でインド人民党が与党)。

　さて、1990年代以降の構造調整改革に伴う財政支出の抑制や市場化の波は、当然教育にも及ぶこととなった。特に高等教育は多額の投資を必要とするため、民営化の要求は必然的といえるものであった[10]。すなわち、「効率性の追求、高い質の確保とアカウンタビリティの強調、補助金の削減と表裏一体となった大学運営の自由化が高等教育の緊急の課題」[11]とされたのである。

　カレッジのレベルでは、すでに1980年代末から民営化が本格的にはじまっていた。所有者が民間で運営の資金源が政府の「私立補助型カレッジ」

は存在したが、そこには州の予算が多額に投入されていたため、民営化と呼べるものにはほど遠かった[12]。しかし、1980年代になると州の財源もかなり逼迫するようになった結果、州政府の補助金に頼らない「私立カレッジ」が認められるようになり、高等教育費を抑制したかった各州に徐々に広まっていった[13]。

　それに対して連邦政府は、限定的ではあるものの、国立大学、準大学、および国家的重要機関の設置や認可をすることで、人材育成や教育機会の提供をおこなってきた。一方で、財政的には非常に厳しいものの、市場化やグローバル化に伴う優秀な人材のさらなる確保の必要性が高まるなか、大学レベルでも私立の機関の設置認可に関与することを決断したのである。

　そして、1995年に「1995年私立大学（設置と規制）法案（Private Universities (Establishment and Regulations) Bill, 1995、以下「1995年私立大学法案」と略）」が議会に提出された。この法案は、「自己資金型（self-financing）大学の設置と法人化、及びそれらに関連する事柄を規制する」ことを求めるものであり、連邦政府主導の大学の民営化とその規制が目的とされた[14]。

　連邦政府は、高等教育機関の民営化をおこなうに当たって、以下の七つの理由を挙げた。具体的には、①民間セクターは国による教育の財政負担を軽減してくれる、②知識経済に移行しているため、教育はもはや単なる社会サービスではなく、経済発展に必要な投資である、③産業開発が進んでいるため、人材育成を民間セクターにも担ってもらう、④民営化は、公的セクターよりも効率的である、⑤教育の受益者負担によって、教育の質が改善する、⑥受益者負担は、政府の負担軽減にもなる、⑦高等教育の民営化は、もはや新しいものではない、といった内容であった[15]。ここでは、連邦政府としては科学技術の進歩が著しい昨今、国全体の発展のためには高等教育が非常に重要であることを述べている。しかし財政が逼迫するなか、政府としては既存の機関を維持するのも困難であり、到底機関の大幅な増加にまでは支出を回すことはできない。そこで民間の力

を借りることで、効率的に高等教育の拡大を果たすのが賢明であると判断したのである。一方、民営化に伴う問題にも対処するため、同時に規制をする必要もあるとし、連邦政府は、①教育の商業化（営利目的の教育）、②高等教育における「渡り政治屋（Carpet Baggers）」の参入、③学問水準の同等性の確保、④留保政策の不介入、⑤地方における代表不足（地方に私立大学が設置されないという懸念）、⑥集権化と官僚化、⑦研究の軽視、⑧教育における多国籍企業の参入、⑨本法の憲法的合法性、の九つを懸念材料として挙げている。

　法案提出後「1995年私立大学法案」は各方面から厳しい批判にさらされることとなった。その理由の一つは、連邦政府主導による高等教育の民営化の推進そのものに対する反発であった。すなわち、教育はそもそも政府が責任をもっておこなわなければならないものであるため、民営化は教育への責任放棄であり、連邦政府が高等教育の商業化（営利目的の教育）にも加担している、と批判されたのである[16]。また、法案には民営化によって少なくとも定員の30％に奨学金を用意することなどが約束されていたが、研究者らからは、そもそも財政的に厳しいなかでの奨学金の支払いに対して懐疑的な意見が出た[17]。さらに、最も根本的な問題として、州政府からは憲法の州管轄事項第32項が取り上げられ、本来連邦政府には私立大学を設置する権限がないことが厳しく批判された[18]。つまり、連邦政府は国立大学、国家的重要機関の設置および準大学の認可に関する権限は有しているが、その他の大学の設置認可に関する権限は州にあり、したがって連邦政府が私立大学の設置認可に関与することは憲法違反であるとされたのである。

　その後、連邦政府は州政府との調整も難航し、結果的に「1995年私立大学法案」は実現しなかった。その一方で、同年に州レベルでは、インドで先駆けとなる私立大学が設立されることになった。インド北東部のシッキム州は、州と民間の共同出資により1995年にシッキム・マニパル大学（Sikkim Manipal University）を設置認可し、インドにおける私立大学設立の

第一歩となった[19]。そして、それ以降私立大学は各州で設立されることとなり、2019-20年度においては、インド全土に327校の私立大学が存在している。

なお、インドでは独自の基準によって、2016年から毎年教育省（当時は人的資源開発省）が国内の高等教育機関のランキング（National Institutional Rankings Framework）を発表しているが、2021年の大学ランキング（国家的重要機関や準大学を含まない）では、100位以内に各州の私立大学も入っている。たとえば、ウッタル・プラデーシュ州のアミティ大学（Amity University）が25位、パンジャーブ州のラブリー・プロフェッショナル大学（Lovely Professional University）が62位、ハリヤーナ州のアショーカ大学（Ashoka University）が95位に入るなど、特に近年ではインドでもある程度の質を備えた人気のある私立大学が増えつつある[20]。

第2項　私立の準大学の認可

その一方で、連邦政府が管轄する高等教育機関に関連して注目されたのは、準大学の認可基準の緩和であった。準大学とは、インドにおいて大学に準ずる機関として位置づけられているものであり、「類まれなる特長をもった機関が、その特長や自律性を失うことなく大学としての特権を享受できる」[21]ために認定されるものとされていた。簡単にいえば、優れた研究所やカレッジ等に学位授与権が与えられたものが準大学である。数についてみると、1956年から1990年の約35年間に認可された準大学は29機関のみであり、2000年でもその数は41機関であった。

このように準大学は、当時の国立大学や国家的重要機関に比べれば多かったものの、それでも認定されるためには、UGCによって設けられた委員会がその査定をおこない、認可までには高いハードルが設定されていた。当該機関のこれまでの認可基準を要約すると以下、①革新的で、かつ修士号あるいは研究機関相当の高い学問的な水準に達成していて、ある特定の分野において教育プログラムや研究に従事していること、②専

門科目の学士やディプロマの授与を求められた場合、関連の法律によって定められた組織によって認証された学問的プログラムを有していること、③準大学の認可を求めてから10年存在し、満足な業績を示すこと、④所定の建物や住宅などのインフラを有していること、のようになっていた[22]。たとえば、③にあるように、準大学としての認可を得るだけで、どれだけ成果を上げていたとしても、少なくとも10年間もかかることになっていた。

　ところが、2000年に人的資源開発省(Ministry of Human Resource and Development。わが国の「文部科学省」に相当。ただし、2020年以降は「教育省(Ministry of Education)」に名称を変更)のM. M. ジョシ(M. M. Joshi)大臣は、従来とは異なる準大学に関する「新カテゴリー (de-novo category)」と呼ばれる認可基準の導入を発表した。その目的は、準大学の認可基準を緩和することであり、将来見込みのある機関をこれまで以上に準大学として認める一方、アカウンタビリティを求めることでその質を担保するというものであった[23]。具体的には、新たな機関は、「新興分野(emerging areas)」で優秀な実績を見込める機関であればよく、上記の認可基準を満たさなくてもよくなった。また、「新カテゴリー」のもとではUGCが任命した委員による年度毎の報告書の提出を条件に、5年経てば準大学のステータスを得ることができるようになった。さらに、「新カテゴリー」以降増加したのがUGCの補助金に頼らない私立の準大学(Private Deemed Universities)であった[24]。つまり、連邦政府は「1995年私立大学法案」によって私立大学の設置認可に関与することはできなかったものの、民間の研究機関を「準大学」として認めることで、自らの権限の範囲で高等教育の民営化を促進しようと試みたのである。その結果、2019-20年度においては、126校の準大学が存在するまでになっている。

　以上のように、1991年以降の本格的な市場化やグローバル化の波は、財政が逼迫するなか、それでも競争力ある人材の養成などが急務となった結果として、私立の高等教育機関に対する連邦政府の姿勢を大きく変えることとなった。

第3項　国立大学の増加

　連邦政府は2004年に教育支出の引き上げを目標としたことなどもあり、これまで抑制的であった国立大学の増加に向けて積極的に取り組むようにもなった[25]。

　なお、その最初の取り組みの一つが、州立大学を国立大学に改組するというものであった。具体的には、2004年にウッタル・プラデーシュ州の州立大学であったアラーハーバード大学(University of Allahabad)を国立大学に改組することを目的とした「2004年アラーハーバード大学法案(The University of Allahabad Bill, 2004)」が連邦議会に提出された。同法案では、アラーハーバード大学の「財政不足」や「不適切な学生の収容率」などが問題とされ、州としてはこれ以上大学の質を維持するのが困難である、というのが改組の主な理由だった[26]。こうした要求は州政府からだけでなく、大学側からもすでに1990年代前半から継続しておこなわれていた。また、特に2000年代に入ってからは、ウッタル・プラデーシュ州首相自らが人的資源開発省の大臣やインド国首相にも直訴をしていた[27]。ただし、この法案は元々インド人民党政権末期に提出されたものということもあり、当時は選挙前の人気取りとの批判を受けてすぐには実現しなかった[28]。ところが、2004年の政権交代後、従来から高等教育の民営化に対して反対の立場をとる左派政党からの支持も受け、「2004年アラーハーバード大学法」として成立し、国立大学へ改組されることが決定した。また、2005年にはマニプル州のマニプル大学(Manipur University)が、2006年にはトリプラ州のトリプラ大学(Tripura University)が、それぞれ州立大学から国立大学へと次々に改組されることとなった。

　そして、その後に積極的におこなわれたのが国立大学の新設であった。2006年11月、首相の諮問機関だった「国家知識委員会(National Knowledge Commission)」は、高等教育に関する報告書を提出した。そこで注目を浴びた内容の一つが、高等教育の拡大であった。諮問委員会は、ますます進む知識経済のなかで、当時7％の高等教育の総就学率では国の発展にとっ

て十分とはいえず、今後見込まれる高等教育の需要を満たすことができ
ないと判断し、総就学率を15％まで引き上げることを目標に、大学数を
1,500校にまで増やすことを勧告した[29]。また、国の最高水準の教育を提
供するために、50校の国立大学を新設することを勧告した。ただし、50
校の国立大学新設は長期的な目標であり、まずは3年以内に少なくとも
10校程度新設することを求めた[30]。そこで、2006年にラジーブ・ガンディ
ー大学(Rajiv Gandhi University)、シッキム大学(Sikkim University)、英語・
外国語大学(English and Foreign University)、続いて2007年にはインディラ・
ガンディー国立部族大学(Indira Gandhi National Tribal University)に関する法
案が連邦議会で可決され、国立大学が新設されるに至った。また、この
時期最も大きな動きだったのが、「2008年国立大学法案(The Central
Universities Bill, 2008)」による国立大学の大幅な増設である。「2008年国立
大学法案」は、「インドがグローバル化した経済の要求に応えるために、(中
略)高等教育の質を改善する一方で、その就学率を上げること」[31]を目的と
していた。高等教育における就学率の上昇に関して、先進国が当時として
約55％、新興国でも約37％、中国では約22％だったのに対して、インド
は依然10％程度しかなく、このままでは知識経済の要求に応えられない
と連邦政府は懸念していた[32]。そのため、「国家知識委員会」の答申と同
様に「第11次5カ年計画(2007-12)」終了時までに就学率を15％、また「第
12次5カ年計画(2012-17)」終了時までに21％まで引き上げることを計画
した。ただし、これ以上質の低い高等教育機関は増やせない、すなわち
連邦政府としては多額の公費を投入し、質の高い大学を自ら設置すること
が重要であると判断し「2008年国立大学法案」を提出するに至ったのであ
る。また、連邦政府はこれまで国立大学のなかった州に国立大学を新設
することで、各州に対して新設の国立大学を高等教育のあるべき基準の
メルクマールとして比較させ、さらにそうすることで他州との大学間競争
を促すことも期待していた[33]。そしてこの法案は、その翌年に「2009年国
立大学法(The Central Universities Act, 2009)」として成立し、その後新設の

ものが13校、州立から国立に改組された3校が国立大学のリストに加えられることとなった。なお、2019-20年度においては、48校の国立大学が存在する。

第4項 国家的重要機関の増加

2000年代以降、国立大学と並行して増加したのが、国家的重要機関である。それは、インドを大きく牽引してきた科学技術力をこれまで以上に高めることが目的であった。その代表の一つが2007年「国立工科大学（National Institute of Technology、以下NITと略）」の準大学から国家的重要機関への改組、もう一つが2008年以降におこなわれたIITの増設である。

まず、NITの方からその経緯を整理する。そもそもNITは、1950〜60年代に設立された「地域工学カレッジ（Regional Engineering College、以下RECと略）」がその前身である。各RECは州立大学の加盟カレッジであり、その特徴として、本来カレッジには認められていなかったカリキュラムの作成などをおこなえる自律的な機関だったこと、また連邦と州の共同出資であったことなどがあった[34]。先にも述べたように、この時期中央も「第2次5カ年計画(1951-60)」から、重工業を基幹産業とする国家建設を進めようとしていた。そして、RECは地域の優秀な人材を育成することが目的だったため、設置されている各州の出身者に各機関の定員の半分の特別枠が設けられていた[35]。こうした特徴のあるRECであったが、連邦政府が公表した「1992年行動計画（Programme of Action 1992）」のなかで、「RECを模範となる機関として効率的に機能させ、そして各地域における技術教育の指導的な地位を与えるために、最大限の自律性を与える」[36]必要があることが謳われた。また、1996年に政府の諮問委員会として設置された「ハイ・パワー・レビュー委員会（High Power Review Committee）」は、1998年に「将来のRECsのアカデミックな卓越性のための戦略的なロードマップ（Strategic Road Map for Academic Excellence of Future RECs）」と題した報告書を提出し、そのなかでRECに対して「学位を授与できるような権限

を与える」[37]ことなど、その自律性を高めることを勧告した。その後中央と州の協議と調整の末、2003年に連邦政府はRECをNITと改名して準大学に認めることで、NITは学位授与権を含むこれまで以上に自律性の高い機関として17校が再スタートし、2006年までにその数は20校にまで増加した。

　そして、準大学となったNITだったが、2006年にはNITを国家的重要機関にすることを目的とした「2006年NIT法案(The National Institutes of Technology Bill, 2006)」が連邦議会に提出された。法案はNITを国家的重要機関にする理由として、①(1996年の先の)「ハイ・パワー・レビュー委員会」は、NIT(当時REC)が最も効果的に機能するように自律的で柔軟性のある卓越した機関になることを勧告していた、②当時インドには七つのIITがあったが、それらは包括的な(umbrella)法律のもとで機能していた。同様にNITも包括的な法律のもとで運営されるようにするべきである、③法案はNITが「卓越性の中心的な存在」となることを手助けする、④法案はNITの地位を高め、大学院段階の技術教育と研究を推進させる、⑤法案はNITに、学問、運営、財政に関する自主権を与える、といったものであった[38]。その後法案は連邦議会で審議され、翌2007年にNITを国家的重要機関として一つの連邦法のもとで運用するための法律として「2007年NIT法(The National Institute of Technology Act, 2007)」が成立した。これにより、一度に20のNITが準大学から国家的重要機関に格上げされることとなった。そして、2021年11月時点でNITは31校にまで増加している。

　続いて、インドの国家的重要機関として最も有名なIITの経緯を整理する。IITについては、独立後の1950年7月に開かれた第5回「全インド科学技術教育委員会(All India Council for Technical Education)」において、「我が国において技術教育をあらゆる部門のなかでも可能な限り高い水準で発展させるならば、大学の地位をもった中央の組織が、それが何と呼ばれようとも、否定されることはまずないであろう」[39]などとして、国の発

展を担う新たな高等教育機関の設置が話し合われた。その後、工学分野の産業に専心していたベンガル地方に、最初のIITを設置すべきとの内容が盛り込まれた報告書が同委員会から提出され、西ベンガル州カラグプル(Kharagpur)に最初のIITが1951年に設置された[40]。そして、1961年には「1961年工科大学法(Institute of Technology Act, 1961)」が制定され、1990年までに計5校が設立された。また、その後IITは1990年から2001年までに2校が増設された。1校は1994年アッサム州グワーハーティー校(Guwahati)、もう1校は2001年ウッタラカンド州ルールキー校(Roorkee)であった。ルールキー校は、工学系単科の州立大学である「ルールキー大学(Roorkee University)」を7番目のIITに改組したものである。つまり、国家的重要機関であるIITに関しても、州立大学を国家的重要機関に改組することでその数を増加させた。また、2008年には8校が新たに加わったことで、計15校になった。そして、その後も増設は進み、2021年11月時点でIITは23校にまで増加している。

なお、NITやIITなどを中心に、2019-20年度には135校の国家的重要機関が存在する。また、その他の有名な国家的重要機関として、たとえばインド経営大学院(Indian Institutes of Management、全13校)などがある。

以上のように、特に2000年代半ば以降、州立大学から国立大学(国家的重要機関)への改組、国立大学・国家的重要的機関の新設によって、これまで少数であった国立系の高等教育機関は大幅に増加している。

次項では、連邦政府による外国の高等教育機関の認可と規制に関する法案について整理する。

第5項　外国高等教育機関の認可

実は「1995年私立大学法案」には、国内の私立大学の設置認可だけでなく、外国の大学の認可をすることも含まれていた。しかし上述したように、この法案は実現しなかった。

一方で、第3項でも述べたように、2006年の国家知識委員会は2015

年までに大学の数を1,500校まで増やすことを勧告し、連邦政府は国立大学と国家的重要機関の増設をおこなうものの、当然政府の力だけではその数に及ぶことができないことは十分に認識していた。また、最も重要なことは、ただ単に大学数を増やすだけでなく、質の高いものを増やすことでもあった。そこで連邦政府が再び試みたのが、外国の高等教育機関の参入を認め、それを規制することであった。

　そして、2007年に「2007年外国教育機関（参入と事業の規制、質の維持、商業化の防止）法案（The Foreign Educational Institutions (Regulation of Entry and Operations, Maintenance of Quality and Prevention of Commercialisation) Bill, 2007、以下「2007年外国教育機関法案」と略）」が議会に提出されることになった。この法案の目的は大きく分けて二つあり、一つは優れた外国の高等教育機関の参入を認めること、もう一つは外国の高等教育機関を連邦政府が規制することであった。また、インドが外国の高等教育機関を誘致する利点として、①外国から多額の投資がおこなわれる、②トップランクの大学がインドの学生に質の高い教育を提供する、③毎年インドから海外へ留学する学生は約10万人、またそれに伴う外貨流出は約75億ドルにもなるため、それを食い止めることができる、④外国の機関は質の高い教育を提供するだけでなく、それらが参入することで国内の高等教育機関との競争が生まれ、その結果教育全体の質と効率の向上に貢献する、⑤外国の機関がインドに参入することで、アクセスや質、財源に関する問題が解消し、その結果、政府が教育を提供するという負担をかなり軽減することができる、などといわれていた[41]。2007年当時すでに、無認可ではあるものの、一部では大変人気を集める外国教育機関は存在していた[42]。しかし、この法案は、多数の無認可である外国教育機関の規制や新たな誘致を目的としていたのである。さらに、法案によると「外国教育機関」とは、①当該国の法律のもとで正式に設立あるいは法人化され、認定機関によって適正かどうかのアクレディテーションを受けているもの、②インドにおいて教育課程を提供するのに相応しい財源やその他の資源を有しているも

の、を指している[43]。加えて、少なくとも10億ルピーの資本金を維持しなければならないことになっている。

　こうして政府は、質の高い外国教育機関の参入を認めることで高等教育のさらなる拡大を目指したが、この法案に対しては特に左派政党や当時野党だったインド人民党などから強い反対があった[44]。その理由の一つは、政府はGDPの6％まで教育費を支出することを掲げたものの、それに達成していないにもかかわらず、外国教育機関に頼るのは順番が逆であるというものであった。また、法案には当該国でアクレディテーションを受けていることが条件だと謳われているが、そもそも国内に外国教育機関の質に関する基準がないため、その条件に対して懐疑的であった。こうした理由などから、「2007年外国教育機関法案」は多くの反対によって審議することができず、結果的に廃案となった。

　その後2009年には第15回連邦下院選挙が開かれ、会議派中心の政権が引き続き政権を担うこととなった。そこで2010年には再び「2010年外国教育機関（参入と運営の規制）法案（The Foreign Educational Institutions (Regulation of Entry and Operation) Bill, 2010、以下「2010年外国教育機関法案」と略）」が提出された。連邦政府としては、自ら負担をすることなく、外国の一流大学がインドで展開することは、教育の量も質も確保できる点でやはり魅力的であった。また、インド大学協会（Association of Indian Universities）の調査では、2000年時点ですでに外国の144のプロバイダがインド国内で教育活動をおこなっていたが、2010年頃にはその数字が確認できるだけで631にまで膨らんでいた[45]。したがって、増加する外国の教育機関が適切な監督下にないため、連邦政府は少しでも早くそれらを規制したいと考えたのである。今回の法案では、「外国教育機関」について、少なくとも過去20年以上にわたって教育サービスを提供していることが新たに条件に加えられ、また前法案がでは10億ルピーだった資本金の維持を少なくとも50億ルピーにまで条件を引き上げた。これにより、質への懸念といった前回のような批判をかわすことを試みたのである。しかし、

この法案も結局実現には至らなかった。その理由は、教育による利益追求という「教育の商業化」に関する懸念にはじまり、そもそもトップランクの大学がインドで活動するのか、高等教育におけるアクセスや質、財源に関する問題が解消するのかといった政府の見通しの甘さに対する疑問などが挙がったためであった[46]。

その後、「2010年外国教育機関法案」同様、「2013年外国教育提供者法案（Foreign Education Providers Bill, 2013）」が連邦議会に提出されたが、こちらも実現には至っていない。

以上のように、本節では1990年代以降にインドで初めて登場した私立大学や、既存の国立大学、準大学、国家的重要機関、また外国高等教育機関の設置認可をめぐる連邦政府の動向を検討した。その結果、連邦政府は私立大学や外国の大学に対してはその設置認可には携われなかったものの、国立大学や準大学、国家的重要機関については、連邦政府自身が積極的にその数を増やしてきている。

次節では、2000年代以降の連邦政府による高等教育の一元的な管理をめぐる動向ついて検討する。

第2節　高等教育機関に関する質の一元的管理

第1項　諮問委員会による勧告

インドにおいて、2000年代後半以降に中央レベルで開かれた高等教育に関する諮問委員会で重要なものが二つある。一つは、前節でも触れた2006年の「国家知識委員会」である。もう一つが、2009年に人的資源開発省が高等教育の諮問委員会として設置した「高等教育の刷新と活性化に関する勧告のための委員会（The Committee to Advice on Renovation and Rejuvenation of Higher Education、通常は委員長のヤシュ・パル（Yash Pal）の名をとって「ヤシュ・パル委員会（Yash Pal Committee）」と呼ばれることから、以下ヤシュ・パル委員会と略）」である。ヤシュ・パル委員会は、2009年に報告書

を提出したが、国家知識委員会との共通認識として、インドにおける高等教育全体の質の低下を挙げた。こうした諮問委員会の設置に象徴されるように、特に2000年代以降、高等教育の大幅な拡大に伴ってその質がインド全体で改めて問われるようになる。

　たとえば、2000-01年度から2005-06年度までに、私立補助型カレッジと私立カレッジ双方の増加数をみると、前者が4,497校から5,750校への増加であるのに対し、後者は3,202校から7,720校へと倍以上になり、前者を追い抜くまでになっている[47]。私立カレッジの質に関する問題としては、「大学入学資格の基準となるものが、学識から支払い能力へと取って代わられた」[48]ことなどが挙げられている。具体的には、1993年に最高裁判所は、私立カレッジにおいて定員の50％までならば支払い能力に応じて入学させてもよいとの判決を下した。すなわち、たとえ学力が入学基準に達していなくても、カレッジ側が求める授業料さえ支払うことができれば、入学できるようなシステムがインド全体で確立したのである。

　また、委員会が設置される前の2004年に、ヤシュ・パル議長自身が私立大学の設置認可をめぐってチャッティスガル州を訴えたことも大きな出来事であった（Writ Petition (Civil) No.19 of 2004, Prof. Yashpal vs State of Chhattisgrah）。2002年にチャッティスガル州が私立大学の設置を認める州法を成立させたのだが、その争点は、インフラや教員、財源が不明確であるにもかかわらず、ずさんな認可で大学が設置されているというものであった。たとえば、112校の私立大学がわずか1年余りで設立され、そのなかには聞いたこともないコースや学位を提供していたり、ほとんどの大学は名だけで実際はアパートの一室で運営されていたりしていたというものであった[49]。そこで原告側としては、以上のようなことが教育水準や国全体の教育制度に悪影響を及ぼしかねない、ということを訴えた。そして、最高裁はそのような私立大学の即時閉鎖を求める判決を下した。ただし、在学生の利益を保護するために、州政府にはそうした機関を州立大学のカレッジとして提携させることも命じた[50]。つまり、州政府の責任でカレッ

ジとして提携させることで、そうした機関の水準を回復させる目的も含まれていた。こうして、チャッティスガル州の私立大学法は無効とされたのである。一方で、2003年にUGCも「2003年UGC（私立大学の設置と水準の維持に関する）規則（The UGC (Establishment of and Maintenance of Standards in Private Universities) Regulation, 2003）」を公表し、私立大学がカレッジを設けたり、提携したりすることを禁じている。

　そして、特に2000代後半以降には、準大学に対する厳しい批判の声が上がるようになった。準大学に関しては、2000年から規制緩和によって新規参入が容易になり、その数は大幅に増加した。その一方で、連邦政府としては毎年課す報告書の提出や5年毎の再審査によって質を担保できるものと考えていた。ところが、それがほとんど機能しておらず、結果的に野放図な増加を推進したと批判された。ヤシュ・パル委員会の報告書でも、たとえば、準大学には禁止されているにもかかわらず国内に他のキャンパスを設けているところや、研究活動をほとんどおこなっていないところがあるなどとして、こうしたことがこれまで維持されてきた準大学の質を脅かすようになっていると述べられている[51]。

　以上のような高等教育全体の質の低下を懸念して、国家知識委員会は「高等教育のための独立した規制の機関（Independent Regulatory Authority for Higher Education）」[52]、ヤシュ・パル委員会は「全国高等教育・研究委員会（National Commission for Higher Education and Research）」[53]という名でそれぞれ、全国規模で統一的に高等教育の規制をおこなう機関の設置を勧告した。

第2項　「2010年高等教育・研究法案」「2018年インド高等教育委員会法案」

　その後2010年に、これらの勧告に従って、「2010年高等教育・研究法案（Higher Education and Research Bill, 2010）」が議会に提出された。この法案には、大きく分けて二つの特徴があった。第一に、連邦政府が高等教育機関の質を一元的に管理しようとすることである。これまでも中央レベルでは、UGCを筆頭に高等教育の規制に取り組んできたが、その他にもた

とえば全インド技術教育審議会(All India Council of Technical Education)など、専門教育を規制する機関が数多く存在する。また、州レベルでは独自に高等教育を管理する機関として州高等教育委員会(State Higher Education Council、以下SHECと略)の設置が連邦政府によって推奨され、いくらかの州では独自に取り組みがおこなわれてきた。ところがこの法案は、こうした各機関の機能に代わり、新たな機関が中央で一元的に管理することを求めていた。第二に、その権限が広範囲に及んでいることである。法案の第5章第25節「規制のための委員会の権限と機能」では、**表2－1**のような権限が与えられることになっていた[54]。なお、fには「法律のもとで、外国教育機関の参入と運営を規制する」とあり、先に実現しなかった「2010年外国教育機関法案」の内容も盛り込むものとなっている。

　また、この法案で設置される「全国高等教育・研究委員会」には、「一般委員会(General Council)」と「研究者カレジウム(Collegium of Scholars)」が併設されることになっている。特に「一般委員会」は、各州からSHECの議長あるいは副議長、中央からは高等教育機関の長などの一部、または各分野の研究者などで構成されることになっている。一方「研究者カレジウム」は、著名な研究者などで構成されることになっている。SHECの長が含まれるのは、中央が一方的に基準を定めるのではなく、あくまで州との協力によって実施されることを示している。ただし、「一般委員会」と「研究者カレジウム」の権限は共に、「全国高等教育・研究委員会」に対して、勧告や助言をおこなうのみとなっている。

　この法案の意図には、本来高等教育の規制をおこなうべき州に対する批判と、UGCの機能不全がある。憲法の州管轄事項第32項には、大学の規制は州の管轄事項であるとされている。というのも、「1992年行動計画」は、先に述べたSHECの設置を勧告し、各州が独自に高等教育の管理に取り組むことを求めた[55]。しかし、SHECを設置しているのは、2012年時点で28州中わずか8州にとどまっており、連邦政府が主導する内容での各州の独自の取り組みはあまり進んでいなかった[56]。

表2−1 規制のための委員会の権限と機能

a）高等教育・研究の分野における学位あるいはディプロマの授与に必要な条件を定める、またアカデミックな資格との間の同等性のための要素を定める
b）高等教育のアクレディテーションや評価のためにアカデミックな質の基準を定める
c）高等教育機関の設置や解散のための基準や過程を定める
d）アカデミックな運営を開始するにあたって、ある法律のもとで、学位あるいはディプロマを授与する権限を与えられた大学または高等教育機関を公表するための基準や過程を定める
e）カレッジを提携させるための大学のアカデミックな質の基準を定める
f）法律のもとで、外国教育機関の参入と運営を規制する
g）大学やその他の高等教育機関において、透明性があり効率的で、妥当なガバナンスがおこなわれるための基準やメカニズムを定める
h）大学の副学長、あるいはカレッジではない連邦管轄の教育機関の長のような指導者を任命する際の基準を定めたり調整したりする
i）研究プログラムの生産性を測るための基準を定める
j）維持、発展、研究あるいは一般または特定の目的のための補助金の基準や原則を定める

出典：「2010年高等教育・研究法案」をもとに筆者作成。

　また、UGCではその規制に強制力をもたないばかりか、準大学での規制の甘さからもわかるようにうまく機能していないことが批判されてきた[57]。こうした理由などから連邦政府としては、より権限の強い新しい機関の設立によって、これまでの基準を一元化させ、それに従わせることを目的として法案を提出したのであった。

　高等教育の質に関する法案としてもう一つ注目されていたのが、「2010年高等教育機関のための全国大学評価規制機関法案（The National Accreditation Regulatory Authority for Higher Educational Institutions Bill, 2010、以下「NARA法案」と略）」である。インドの大学評価は、すでに1990年代から始まっている。「1992年行動計画」は、「高等教育機関における質の維持・向上のための仕組を発展させる」[58]ことや、「UGCが主導し、自律的な組織と

してアクレディテーションと評価のための委員会を組織する」[59]ことを提案した。そして、1994年にUGCは、「全国評価・アクレディテーション審議会(National Assessment and Accreditation Council、以下NAACと略)」を設立し、各高等教育機関の任意ではあるが、自己評価と外部評価が始まった[60]。NAAC設立から10年後の2004年時点で、104の大学と744のカレッジがNAACの評価を受けていたが、法案が提出された2009-10年度の時点では159の大学、4,094のカレッジにまで増加していた[61]。ただし、2009-10年度の数字は、当時の大学数の約36%、カレッジに至っては約16%であり、ほとんどの機関は評価を受けていなかった[62]。

　そこで、NARA法案の大きな目的は、これまであくまで任意でおこなわれていた評価を、すべての高等教育機関に義務づけるというというものであった。ヤシュ・パル委員会報告書での構想は、全国高等教育・研究委員会がアクレディテーションのための基準、手続き、構成を手がけるということになっている。つまり、「NARA法案」は「2010年高等教育・研究法案」と対を成しており、高等教育の基準を決めるのも、それを評価するのもすべて中央によって一元的におこなわれるというものとなっている。

　しかし、これら法案は結果的に廃案となった。その理由は、州政府を中心に法案の反対があり、調整がうまくいかなかったためである。ただし、設置に積極的に賛同した州もあれば、非常に強く反対した州もあった。たとえば、2010年1月、州の教育大臣が集まっておこなわれる「中央教育勧告委員会(Central Advisory Board of Education)」の第57回の会合が開かれた。そこで法案の内容について意見が交わされ、たとえばオリッサ州のS. P. ジーナ(S. P. Jena)は全面的な支持を表明したが、ウッタル・プラデーシュ州のS. R. D. トリパシィ (S. R. D. Tripathi)は、脱集権化が叫ばれる昨今において、法案の内容は中央集権化を象徴するものであり、時代に逆行するとして厳しく批判した[63]。

　その後も、「第12次5カ年計画(2012-2016)」の大枠のなかで、「全国高等教育・研究委員会」の設置が目標に掲げられたが[64]、再び同様の議論が

なされたのは、2014年のインド人民党への政権交代後の2018年の7月であった。2018年7月、N. モディ（N. Modi）首相主導のもと、「2018年インド高等教育委員会法案（Higher Education Commission of India Bill, 2018）」が議会に提出された。

　法案はその前文の冒頭で、憲法が連邦政府に「調整と基準の設定」の権限を与えているとしたうえで、「高等教育機関の均質な発展（uniform development）のためには、均質な基準を定め、また体系的な管理と進行を通じて同一の基準を維持することを保証する機関の創設が必要である」[65]と述べている。そして、この法案が、既存のUGCに代わる新たな機関を創設することが目的であると謳っている。

　また、委員会の役割は「アカデミックな教育の質を推進し、アカデミックな水準を維持する」ことであるとし、具体的には、①学習成果を特定する、②教育／評価（assessment）／研究の水準を規定する、③年度毎のアカデミックなパフォーマンスを評価する、④研究を促進する、⑤強力なアクレディテーションの仕組みを導入する、⑥機関に助言を与える、⑦機関の閉鎖を求める、⑧中央政府もしくは州政府に助言する、⑨積極的な公開制度を設ける、のような九つの役割があるとしている[66]。

　この法案の特徴は、大きく分けて二つある。一つは、規制する主体と、補助金を授与する主体とを分離させることである。もう一つは、「高等教育機関の設置と閉鎖のための基準とプロセスを特定する」ことである。すなわち、委員会は、高等教育機関を設置する際の最低基準を定めるという「事前規制」と同時に、最低基準の維持ができない、あるいは特定の期間内に認定を受けられなかった機関の閉鎖を要求するという「事後規制」の二つを導入するということである。

　このように、高等教育の一元的な管理を目的とした法案が再三にわたって提出されてきたが、「2018年インド高等教育委員会法案」についても各州の強い反対などによって成立していない[67]。ただし、連邦政府は「2020年国家教育政策（National Education Policy 2020、以下「2020年NEP」と略）」の

なかで引き続き「インド高等教育委員会(Higher Education Commission of India、以下HECIと略)」の設置を目指している。

　なおインドは1947年の独立以降、教育については連邦制に基づいて原則的に州政府の権限のもとでおこなわれているが、その一方で、中央は1986年に「国家教育政策(National Policy on Education)」と呼ばれる国全体の教育指針を公布している。この指針は、その先進性もあり長年変更されずにきたものの、2014年の政権交代によってインド人民党が政権の座に就くと、教育改革の目玉として「2016年国家教育政策(草案)」が公表された。ただし、その内容をめぐって各州政府などの利害関係者との調整がつかず、結果的にこの草案は実現することがなかった。ところが、2019年の選挙でインド人民党が大勝すると、改めて2019年6月に「2019年国家教育政策(草案)」が公表され、その後さまざまな意見を受けながら、約1年かけて内容が再検討された。そして2020年7月29日、内閣は最終版として「2020年NEP」を承認し、その実施が進められている。

　さて、「2020年NEP」では再びHECIを設置する構想が立てられている。今回のHECIでは、HECIという一つの統括機関(umbrella institution)のもとで、「規制」、「アクレディテーション」、「資金」、「学術的な水準」という四つの独立した機関を設置することが目指されている[68]。

　以下簡単にまとめると、まず「規制」に関しては、教職や医学、法学教育などを含むカリキュラムを一元的に管理する「国家高等教育規制審議会(National Higher Education Regulatory Council)」、「アクレディテーション」に関しては、すべての機関にアクレディテーションを求める「国家アクレディテーション審議会(National Accreditation Council)」、さらに「資金」に関しては、明白な水準に基づいて高等教育の資金提供にあたる「高等教育補助金審議会(Higher Education Grants Council)」、最後に「学術的水準」に関しては、高等教育プログラムの期待される学習成果をまとめる「普通教育審議会(General Education Council)」の設置を予定している。

　以上のように、今回「2020年NEP」のHECIは、全体としては2018年

のものと似ているものの、HCEIを頂点としてその下に四つの独立した機関を設置させることに特徴がある。

　その一方で、連邦政府はこうした法案と並行して、2010年代以降の「国家高等教育計画（Rashtriya Uchchatar Shiksha Abhiyan、以下RUSAと略）」と呼ばれる新たな試みも進めている。次節ではそれについて検討する。

第3節　「国家高等教育計画（RUSA）」－新自由主義的手法の導入

第1項　「RUSA」の概要

　連邦政府が高等教育の一元的な管理にこだわるのも、その理由の一つは、インド全体の94％の学生が州の高等教育機関に在籍しており、その質と量の改善がインド全体の発展にとって大きな鍵を握ると認識していることにある。一方で、質と量の改善において最も大きな課題が、そもそも州の高等教育における資金不足とされてきた。州の高等教育機関については、一部UGCからの補助金があるものの、原則的には州の責任であるため、公立の機関の場合は州の予算から資金が配分される。しかし、たとえば州立大学は、州から十分な予算を確保することができないため、資金調達の重要な手段として加盟するカレッジからの加盟料にかなり依存している。すると、大学は加盟料によって資金繰りをする一方で、増加する加盟カレッジの管理が追いつかなくなり、その結果さらなる質の低下を招くという悪循環に陥っているとみなされていた[69]。そこで、州の資金不足の解消のため、連邦政府は州の高等教育に対して大幅な資金提供をおこなうことを決定した。それが、2013年から開始された「RUSA」と呼ばれる新たな政策である。

　RUSAの特徴は、大きく分けて二つある。一つは、従来のように連邦政府からUGCを介して高等教育機関に資金が直接分配されるのではなく、連邦政府（具体的には人的資源開発省）から州政府を介して高等教育機関に資金が分配されるという仕組みが採用されている点である。これまでも連

邦政府は、UGCを介することで各州の高等教育機関に対して一定の補助金を分配してきたが、UGCの補助金は基本的に国立の高等教育機関へのものであり、州への補助金は非常に限定的なものだった。そこで、連邦政府は州の高等教育のための予算を「5カ年計画」による別枠で編成することで、人的資源開発省が直接州政府に追加的な資金を提供し、そこから高等教育機関に分配される新たな仕組みを導入したのである。ただし、資金の提供に関しては、連邦政府が全額を負担するのではなく、中央と州の支出の割合が60：40、すなわち州にも積極的に資金の提供をさせるものの、半分以上は連邦政府が負担するという仕組みになっている[70]。

　もう一つは、一つ目とも関連するが、資金提供の条件として、州に適切な高等教育計画を作成させ、それが認められた場合にのみ資金が提供されるという仕組みが採用されている点である。また、その計画の実施主体として、前節で触れたSHECの設置が原則的に求められた。すなわち、各州はSHECを設置し、それが高等教育計画を立てることで、その計画が人的資源開発省に適切であると認められた場合にのみ資金が提供されることとなった。こうした競争的資金による資金の分配、いわゆる新自由主義的な手法は、これまでもUGCによって一部取り入れられていたが、既存の機関に対するものには限界があった。そこで中央は、大規模な予算立てをする一方で、各州にただ資金を提供するのではなく、中央が求める政策にそって、その実現のための資金の獲得を各州に競争させることで、新自由主義的な手法による高等教育の発展を期待したのであった。実際に人的資源開発省もRUSAにおいて、高等教育が急拡大するなか、「多くの州が、州立大学やカレッジの機能やパフォーマンスを監督する過程において自らがより介入する必要性を主張してきたことを考慮に入れれば、効果的な高等教育の管理や実施には州の制度を通じて資源を投入するほうが賢明である」[71]と述べており、「中央の高等教育の戦略にとって、計画と監督において州を同等のパートナーにすることは今や絶対に必要なことである」[72]としている。

　そして、こうした提案は2012年11月8日に開催された（各州の教育大臣が出席する）第60回の「中央教育勧告委員会」でも了承され、翌2013年から実施されることとなった[73]。

　RUSAの具体的な内容として、**表2－2**のような14の企画が挙げられている[74]。

表2－2　RUSAの内容

1.　既存の自律型カレッジの大学への昇格
2.　カレッジのクラスター大学への転換
3.　大学のインフラへの補助金
4.　新たなモデル・カレッジ
5.　既存のカレッジのモデル・カレッジへの昇格
6.　新たな職業カレッジ
7.　カレッジのインフラへの補助金
8.　研究、イノベーション、質の改善
9.　（州単位の）公平性への取り組み
10. 教員の雇用に関わる支援
11. 教員の質の改善
12. 組織の再編、能力開発（Capacity Building）、改革
13. （州単位の）高等教育の職業化
14. リーダーシップの開発とカリキュラム改革

出典：Government of India, *RUSA Existing Components at Glance* をもとに筆者作成。

　1から14まで簡単に説明すると、まず1については、これまでUGCは一定の条件を満たしたカレッジに対して自律型カレッジ（autonomous college）というステータスを与え、それらに対して大学にしかできないカリキュラムの作成や試験の実施を認めてきた。ただし、カリキュラム作成や試験の実施は認められるものの、学位授与権に関しては大学のみに認められてきた。そこで、現在の枠組みではカレッジに学位授与権はないが、あるカレッジがUGCによってより高いレベルで学術面や運営面において「自律的（autonomous）」におこなうことが可能であると認められた場合は、

州法によって大学に昇格できるというものであり、そのための資金が提供されることとした。2の目的は、UGCによって学術面や運営面において「自律的」におこなうことが可能であると認められた3〜5のカレッジが一つの集合体(cluster)となり、州法によって大学に昇格できるというものである。3については、NAACのアクレディレーションの評価4点満点中2.5点以上の大学に資格があり、インフラ強化のために資金が提供される。4の目的は、教育的に後進的な地域(Educationally Backward Districts)、具体的には国の高等教育の総就学率(2012年の12.4%)を下回る地域に、インフラの整ったカレッジを建設するというものである。5については、教育的に後進的な地域でない場所にあるカレッジをモデル・カレッジに昇格させるというものである。6 については、国の高等教育の総就学率を下回る地域に、新たな職業カレッジを建設することを意味する。7については、こちらも大学同様、NAACの評価4点満点中2.5点以上のカレッジに資格があり、インフラ強化のために資金が提供される。8については、州単位で研究に関わる包括的な計画が認められた場合に資金が提供されることを指す。9については、社会的・経済的に弱い立場にある集団(SCやSTなど)の教育改善が目的であり、外国語の学習のための施設を備えた語学実験室(language lab)による教育や、補習教育(remedial coaching)のための支援がなされる。10については、教員ポストの85%以上を満たしているカレッジと大学に新たな教員ポストを設け、教育と研究の改善をすることが目的である。11については、インドの大学内に設置されている67のアカデミック・スタッフ・カレッジ(Academic Staff College、人的資源開発センター(Human Resource Development Centre)に新たに改名)のうち12を選び、教授法などの改善のために財政支援がおこなわれる。12については、RUSAの円滑な実施に向けて組織の能力を開発するために、州に技術的な支援をおこなう。13については、カレッジや大学における技術訓練型のプログラムに支援する形で、学生の雇用可能性を改善することが目的である。最後に14については、10〜15の大学のカリキュラムを改善したり、計

640人の高等教育の管理者を訓練したりするための財政的な支援がなされる。

　以上のように、2013年からRUSAが開始されたが、それでは各州はどのように反応したのか、またRUSAによって高等教育はどのように変化してきたのか。

第2項　「RUSA」による変化

　まず、RUSAに対して各州がどのように反応したのかについて検討する。RUSAに参加するための条件として、SHECの設置が挙げられていたが、RUSA開始前はケーララ州やタミル・ナードゥ州など先進的な州を中心に九つのSHECしかなかったが、RUSAをきっかけに、2017年までに26の州/連邦直轄地で設置され、そのうち16が州法によって設けられた。また、36の州/連邦直轄地のうち、デリーとラクシャディープ諸島を除く34の州/連邦直轄地では、一部はSHECの設置も同時並行で進めつつ、高等教育計画が作成されるようになっている。これにより、各州はSHECを設置する一方で、RUSAの内容に基づいた高等教育計画を作成し、それが認められれば中央から資金が提供され、計画を実施できる体制が整った[75]。

　次に、RUSAによって高等教育はどのように変化したのかについて検討する。RUSAのホームページによると、2021年11月時点で、少なくとも1,961のカレッジのインフラへの補助金、140の大学のインフラへの補助金、130のモデル・カレッジの設置、19の新たな大学の認可、などが成果として挙げられている[76]。

　また、連邦政府はRUSAの成果として、2013年のRUSA開始時点から2018年までに、高等教育の総就学率が19.4％から25.2％に上昇したこと、教員ポストの空席（faculty vacancies）が60％から35％に減少したこと、教員と学生の比率が1対24から1対20になったことなどを挙げている[77]。一方で、先に提携するカレッジの増加が質の低下をまねいているとの指摘があったが、多くの州[78]では提携カレッジを減らすよう働きかけたり、その

ために大学法を改定したりするよう努めているとしており、実際にカルナータカ州、ラジャスターン州、ウッタル・プラデーシュ州、ビハール州などのいくらかの大学では、提携カレッジの減少などによって大学とカレッジのサイズが適正になっているとされる[79]。さらに、オリッサ州、ゴア州、ジャールカント州、タミル・ナードゥ州では、副学長の選考が成果主義(merit-based)になることで、これまで不透明との批判もあった副学長の選考過程が可視化されたという[80]。上述のRUSAの内容のなかに、大学やカレッジのインフラに対する補助金を受けるためには、大学やカレッジがNAACから一定の評価を受けることが条件として挙げられていた。その結果、2012年にNAACからアクレディテーションを受けたのは106の州立大学と4,684のカレッジに留まっていたものの、2017年までにはそれらの数に加えて、145の州立大学と5,445のカレッジが新たにNAACからアクレディテーションを受けたとされている[81]。以上のように、就学率の上昇など必ずしもRUSAのみの成果とはいい難いものもあるが、RUSAによって多くのことが改善しているのも事実であるといえるだろう。

　それでは、具体的に各州はどれほどの資金をRUSAから受け取っているのか。たとえば、比較的中央とは対立的な関係にあるインド南部のタミル・ナードゥ州の場合でも、「3. 大学のインフラへの補助金」に10の大学が計20億ルピー、「5. 既存のカレッジをモデル・カレッジに昇格させる」に2のカレッジが計0.8億ルピー、「6. 新たな職業カレッジ」に2のカレッジが計5.2億ルピー、「7. カレッジのインフラへの補助金」に65のカレッジが計13億ルピー、「8. 研究、イノベーション、質の改善」に計1.5億ルピー、「13. 高等教育の職業化」に計1.33億ルピー、総計で41.83億ルピーが用いられ、先にも述べたように、中央からはその6割である25.98億ルピーの資金を受け取っている[82]。

　そして、上記のような成果を得たことから、RUSAの予算は2013-14年度から2016-17年度までの4年間で合計240億ルピーだったが、2016-17年度から2019-20年度までのさらなる3年間で合計710億ルピーの予

算が盛り込まれることとなった[83]。

　以上のように、RUSAは現在までのところ実際に多くの成果が認められており、中央と州が協力する形で実施されているといえるだろう。

おわりに

　本章では、1990年代以降の本格的な市場化とそれに伴うグローバル化、また高等教育の拡大とそれに伴う学生の多様化に対応して、中央による高等教育機関の設置認可がどのようにおこなわれたのか、また、高等教育機関の規制等についてはどのように進められたのかを検討した。本格的な市場化導入後、まず連邦政府は、これまでにはなかった私立大学の設置認可によって高等教育の拡大と質の向上を目指したものの、中央の権限ではないとの各州などの反発によって実現には至らなかった。しかしそれに代わる形で、教育機会の拡大だけでなく、世界水準の機関を増やすために、教育中心のカレッジではなく、研究中心の国立大学や国家的重要機関、準大学の増設をおこなってきた。一方で、私立大学に対しては、自らの手によって私立大学の設置認可をおこなうことは叶わなかったものの、規制をおこなうことでその質の維持に関わることとした。さらに、2000年代後半以降には、中央レベルで開かれた高等教育に関する諮問委員会の勧告に従い、高等教育全体の一元的な管理を目的とした法案を提出したが、結果として各州などの強い反対によって実施することはできていない。しかし、連邦政府は世界的な新自由主義的な潮流の影響も受けて、2013年からRUSAと呼ばれる施策をおこなっており、規制ではなく、州政府に競争的な資金を分配し、連邦政府が目指す高等教育の施策を州自らの手で実施させることで、これまでにはなかった新たな手法で高等教育の質の向上に努めているといえる。

注

1　賀来弓月『インド現代史—独立五〇年を検証する』中央公論社、1998年、100頁。

2　渋谷英章「インド—『社会主義型社会』の建設と教育」馬越徹編『現代アジアの教育—その伝統と革新』東信堂、1989年、227頁。

3　同上書、227-228頁。

4　山崎恭平『インド経済入門』日本評論社、1997年、29-53頁。

5　山本盤男『連邦国家インドの財政改革の研究』九州大学出版会、2007年、19頁。

6　佐藤によれば、「構造調整計画」の主な内容は大きく分けて六つであった。①国家独占産業分野を17業種から8業種にする、②18業種を除く産業ライセンスの廃止、③新規事業に対する段階的国産化計画(外国技術提携あるいは外国直接投資などで導入された技術や製品の段階的な国産化を義務付ける)の廃止、④転換条項(商業銀行が民間企業に供与した融資残高を一定期間後に株式に転換できることを保証するもの)の廃止、⑤特定34業種での外資出資比率51％までの自動認可、⑥1969年独占及び制限的取引慣行法の緩和、である(佐藤隆広『経済開発論—インドの構造調整計画とグローバリゼーション』世界思想社、2002年、6-8頁)。

7　山崎、前掲書、1997年、33頁。

8　同上。

9　「世俗国家インドをヒンドゥー教国に変えようとする思想に基づく運動」(小川忠『ヒンドゥー・ナショナリズムの台頭：軋むインド』NTT出版、2000年、16頁)。

10　ジャヤラム, N.「インドの高等教育—大衆化と変化」アルトバック・馬越徹編、森利枝訳『アジアの高等教育改革』玉川大学出版部、2006年、91頁。

11　渋谷英章「インド—公共セクターの縮小と高等教育拡大戦略」馬越徹編『アジア・オセアニアの高等教育』玉川大学出版部、2004年、194頁。

12　ティラックによれば、私立補助カレッジは「経常費のすべてではないにせよ人件費以外の部分にも補助が行き渡るようになり、ついには総額の90〜99％までもカバーするようになった。(中略)すなわち、財政面に限って言えば、ここに似非私立機関が現れたのである」と述べている。(ティラック「インドの高等教育—新たな波と政策の展開—」アルトバック, P. G. 編、森利枝訳『私学高等教育の潮流』玉川大学出版部、2004年、117頁)。

13　「1950、60年代あるいは70年代の初頭までに設立された私立のカレッジは助成型で、いっぽう80年代末から90年代に設立された機関の相当数が自己資金型である」(同上書、112頁)。

14　Parliament of India, *Department-Related Parliamentary Standing Committee on Human Resource Development Hundred Forty-First Report on Private Universities (Establishment and Regulation) Bill, 1995*, New Delhi: Rajya Sabha Secretariat, 1996, p.1.

15　*Ibid.*, pp.3-4.

16　Agarwal, P., *Indian Higher Education: Envisioning the Future*, New Delhi: SAGE Publications India, 2009, p.79.

17　Gupta, A., "International Trends in Private Higher Education and the Indian Scenario", *Research & Occasional Paper Series*, University of California, 2009, p.10.

18　"Private Universities Bill Withdrawn in Rajya Sabha", *The Hindu* (http://www.hindu.com/2007/08/15/stories/2007081555161900.htm、2012年10月18日最終閲覧)

19　Agarwal, 2009, *op.cit.*, p.79.

20　Ministry of Education, *National Institutional Ranking Framework, India Rankings 2021: University.* (https://www.nirfindia.org/2021/UniversityRanking.html、2021年11月1日最終閲覧)

21　Ramachandran, R. "University Business." *Frontline*, Vol.26, Issue.14, 2009 (http://www.frontlineonnet.com/fl2614/stories/20090717261400400.htm、2012年10月18日最終閲覧)

22　*Ibid.*

23　Narayan, P., "Arjun Diluted Norms for Private Colleges?", *Times of India* (http://articles.timesofindia.indiatimes.com/2009-06-12/india/28195780_1_university-status-ugc-arjun-singh、2019年3月11日最終閲覧)

24　*Ibid.*

25　The Government of India, *National Common Minimum Programme*, 2004, p.6. (http://pmindia.nic.in/cmp.pdf、2012年9月21日最終閲覧)

26　Parliament of India, *Department-Related Parliamentary Standing Committee on Human Resource Development Hundred Sixty-First Report on The University of Allahabad Bill*, 2004, New Delhi: Rajya Sabha Secretariat, 2005. (http://164.100.47.5/newcommittee/reports/EnglishCommittees/Committee%20on%20HRD/161streport.htm、2012年9月12日最終閲覧)

27　*Ibid.*

28　"Varsity Issue may Seal Joshi's Fate", *Times of India* (https://timesofindia.indiatimes.com/india/Varsity-issue-may-seal-Joshis-fate/articleshow/636451.cms、2019年3月12日最終閲覧)

29　National Knowledge Commission, *Report to the Nation 2006-2009*, New Delhi: Government of India, 2009, p.62.

30　*Ibid.*

31　Parliament of India, *Department-Related Parliamentary Standing Committee on Human Resource Development Two Hundred Twelfth Report on The Central Univer-*

sities Bill, 2008, New Delhi: Rajya Sabha Secretariat, 2008.
(http://164.100.47.5/newcommittee/reports/EnglishCommittees/Committee%20
on%20HRD/Central%20Universities%20Bill,%202008%20-%20for%20
web%20purpose.htm、2012年9月12日最終閲覧)

32　*Ibid.*

33　*Ibid.*

34　"New Lease of Life for Erstwhile REC.", *The Hindu*
(http://www.hindu.com/2003/03/23/stories/2003032301410500.htm、2012年
7月18日最終閲覧)

35　"Tiruchi REC Upgraded NIT, Get Deemed Varsity Status." *The Hindu*
(http://www.hindu.com/2003/08/02/stories/2003080203570500.htm、2012年
7月18日最終閲覧)

36　Parliament of India, *Department-Related Parliamentary Standing Committee on Human Resource Development Hundred Seventy-Eighth Report on The National Institutes of Technology Bill, 2006*, New Delhi: Rajya Sabha Secretariat, 2007.
(http://164.100.47.5/newcommittee/reports/EnglishCommittees/Committee%20
on%20HRD/178threport.htm、2012年8月19日最終閲覧)

37　*Ibid.*

38　*Ibid.*

39　Biswas, A. and Agrawal, S. (eds.), *Indian Educational Documents Since Independence: Committees, Commissions, Conferences*, New Delhi: The Academic Publishers, 1989, p.207.

40　"IITs: Invaluable Institutions", *Business Line*
(https://www.thehindubusinessline.com/2003/02/07/stories/2003020700070
800.htm、2019年3月12日最終閲覧)

41　Tilak, J. B. G., "The Foreign Educational Institutions Bill: A Critique", *Economic and Political Weekly*, Vol.145, No.19, 2010b, p.12.

42　小原によると、たとえばウェスタン国際大学(WIU)やインド計画経営大学(IIPM)など(小原優貴「インドにおけるトランスナショナル教育」杉本均編『トランスナショナル高等教育の国際比較—留学概念の転換』東信堂、2014年、277-281頁)。

43　The Foreign Educational Institutions (Regulation of Entry and Operations, Maintenance of Quality and Prevention of Commercialisation) Bill, 2007
(http://ficci-hen.com/The_Foreign_Educational_Institutions_Bill_2007_1__1_.
pdf、2012年12月1日取得)

44　Rajalakshmi, T. K., "A Degree of Doubt.", *Frontline*, Vol.24, Issue.15, 2007.
(http://www.frontlineonnet.com/fl2415/stories/20070810510709800.htm、

2012年12月28日最終閲覧）

45　Parliament of India, *Department-Related Parliamentary Standing Committee on Human Resource Development Two Hundred Thirty-Seventh Report on The Foereign Educational Institutions (Regulation of Entry and Operations) Bill, 2010*, New Delhi: Rajya Sabha Secretariat, 2011b, p.40.

46　Tilak, J. B. G., "Higher Education Policy in India in Transition", *Economic and Political Weekly*, Vol.147, No.13, 2012, pp.12-13.

47　Agarwal, op.cit., 2009, p.91.

48　ティラック、前掲書、2004年、120頁。

49　Supreme Court judgement on Private Universities of Chhattisgarh
（http://www.academics-india.com/SC%20judgement.htm、2019年3月12日最終閲覧）

50　Agarwal, 2009, op.cit., pp.77-78.

51　Yashpal Committee Report, pp.35-38.
（http://www.academics-india.com/Yashpal-committee-report.pdf、2019年3月12日最終閲覧）

52　NKC, 2009, op.cit., p.62.

53　Yashpal Committee Report, op.cit., p.6.

54　Higher Education and Research Bill, 2010, p.19.
（http://www.aserf.org.in/docs/reform_bills/NCHER_Act_May_20101%20(2).pdf、2019年3月12日最終閲覧）

55　MHRD, Programme of Action 1992, p.48.
（https://mhrd.gov.in/sites/upload_files/mhrd/files/document-reports/POA_1992.pdf、2019年3月12日最終閲覧）

56　State Higher Education Council, UGC
（https://www.ugc.ac.in/page/State-Higher-Education-Councils.aspx、2021年11月1日最終閲覧）

57　Krishnakumar, G., "NCHER Bill Undermines Autonomy." *The Hindu*
（http://www.thehindu.com/education/article124175.ece、2012年12月1日最終閲覧）

58　MHRD, 1992, *op.cit.*, p.49.

59　*Ibid.*

60　詳しい内容は、渋谷（2004）を参照。

61　National Assessment and Accreditation Council, *16th Annual Report 2009-10*, Bangalore: NAAC, 2012, p.3.

62　2009-10年度における大学数（436）カレッジ数（25,938）を基に計算。

63　Minutes of the Central Board of Education (CABE) held on 19th June 2010 at

New Delhi, CABE, p.11.

（http://mhrd.gov.in/sites/upload_files/mhrd/files/Minutes-CABE-190610.doc.pdf、2012年11月5日最終閲覧）

64　Planning Commission, *Faster, Sustainable and More Inclusive Growth: An Approach to the Twelfth Five Year Plan (2012-17)*, New Delhi: Planning Commission, 2011, p.100.

65　Higher Education Commission of India (Repeal of Grants Commission Act) Act 2018（DRAFT）

（http://mhrd.gov.in/sites/upload_files/mhrd/files/HE_CoI_India_2018_act.pdf、2018年11月23日最終閲覧）

66　*Ibid.*

67　"State govt. to oppose draft HECI Act" *The Hindu*

（https://www.thehindu.com/news/national/tamil-nadu/state-govt-to-oppose-draft-heci-act/article24415077.ece、2021年11月1日最終閲覧）

68　Ministry of Education, *National Education Policy 2020*

（https://www.education.gov.in/sites/upload_files/mhrd/files/NEP_Final_English_0.pdf、2021年11月1日最終閲覧）

69　Ministry of Human Resource Development, *Rashtriya Uchchatar Shiksha Abhiyan : National Higher Education Mission*

（http://rusa.nic.in、2019年3月14日最終閲覧）

70　*Ibid.*

71　*Ibid.*

72　*Ibid.*

73　Ministry of Human Resource Development, *SUMMARY RECORD OF DISCUSSION OF THE 60TH MEETING OF CENTRAL ADVISORY BOARD OF EDUCATION HELD ON 8th NOVEMBER, 2012*

（http://mhrd.gov.in/sites/upload_files/mhrd/files/document-reports/SUM_60CABE_08112012_0.pdf、2019年2月24日最終閲覧）

74　以下14の企画については、Ministry of Human Resource Development, *RUSA Existing Components at a Glance*

（http://rusa.nic.in/resources/documents/、2021年11月1日最終閲覧）

75　*Ibid.*

76　RUSAホームページ

（http://rusa.nic.in、2019年3月14日最終閲覧）

77　多くの州として、オリッサ州、ジャールカント州、マハーラーシュトラ州、ビハール州、マッディヤ・プラデーシュ州、グジャラート州、チャッティグハ州、ラジャスターン州、ウッタル・プラデーシュ州が挙げられている。Ministry of

Human Resource Development, *RUSA Existing Components at a Glance.*

78　*Ibid.*

79　*Ibid.*

80　*Ibid.*

81　"A game-changer for higher education", *The Hindu*
（https://www.thehindu.com/opinion/op-ed/a-game-changer-for-higher-education/article23366942.ece、2019年2月24日最終閲覧）

82　Tamil Nadu, Overview (RUSA)
（http://rusa.nic.in/tamil-nadu/overview/、2019年2月22日最終閲覧）

83　"Cabinet approves fourfold funding under RUSA", *Times of India*
（https://timesofindia.indiatimes.com/home/education/news/cabinet-approves-fourfold-funding-under-rusa/articleshow/63418985.cms、2019年2月24日最終閲覧）

第3章　大学教員資格制度の展開

はじめに

　大学教員資格は、第1章でも触れたように、連邦管轄事項第66項における「基準の設定」の権限に基づき、中央に実施の権限があるとされる。具体的には、1956年UGC法第4章雑則第26条(1)には「規則を設ける権限」が明記されており、その26条(1)(e)には、「大学の教員に採用される人物に一般的に求められるべき資格を定める」ことが盛り込まれている。そしてUGCは、その「規則を設ける権限」に基づき、大学教員に採用されるための最低限の資格に関する規則を設けている。

　そこで本章では、インドの大学教員の質を担保する仕組みとして、UGCが中心となり1990年代以降実施されている大学教員資格に関わる制度の展開について検討する。具体的には、まず1990年代以降にUGCが公布した大学教員の資格に関わる規則について検討する。次に、大学教員の資格として定められることになった博士号(Ph.D.)と、大学教員資格試験について検討する。

第1節　大学教員の資格に関わる規則

第1項　インドにおける大学教員の概要

　本論に入る前に、インドの大学教員の職階について簡単に説明する。インドの大学教員の職階は大きく分けて三つあり、その名称は2010年に

UGCが公表した規則を境に異なる。2010年以前は、上の職階から教授
(Professor)、助教授(Reader)、講師(Lecturer)であり、2010年以後は、上の
職階から教授、准教授(Associate Professor)、助教授(Assistant Professor)となっ
ている。2010年以前の助教授は3段階で上から2番目、2010年以後は
3段階で上から3番目の職階を指していることには注意が必要である。ま
た、本論で分析の対象となるのは上記三つの職階であるが、大学教員に
関する統計ではこれに助手(Tutor)などが含まれる。教育省のデータによ
ると、2019-20年度の教授は13万9,797人、准教授が16万137人、助教
授が102万3,519人で、インドにおいて教授から助教授までの構成をみれ
ば、底辺の広いピラミッド型となっている[1]。

　次に、インドの高等教育機関において教育と研究がどのように担われて
きたのかを簡単に整理する。というのも、高等教育機関に期待される役割
(教育と研究)が、教員に期待される役割にも大きく影響を与えると考えら
れるからである。その変遷は、独立前、1947年独立後から1980年代半ば、
1980年代半ば以降、の三つの時期に大きく分けることができる。

　まず、独立前の時期においては、教育と研究は分離しており、大学の
中心的な役割は教育活動であった。それは、「英国の教育政策は、第一級
の大学を建設するのではなく、植民地政府のために働く中級の公務員を
養成することにすぎなかった」[2]からであった。一方で、研究に関しては
大学ではなく、民間などの研究機関がそれを担ってきた。

　そして、1947年の独立後の政策は、依然として教育と研究の分離であっ
たが、それは独立前とは少し意味の違うものであった。なぜなら、独立後
に政府は、大学制度の外ではあったが、民間ではなく国の管理のもとで多
くの研究所を設け、その研究所に研究活動を積極的に求めてきたからで
あった[3]。一方で、大学のなかには教育と研究をおこなう優れた機関も存
在したが、独立後も大学の中心的な役割は基本的に教育活動であり、全
体として研究活動の比重は低い状態が続いてきたのである。この時期は
そういう意味で、教育と研究は依然分離していたといえる。

　しかし、政府は1980年代半ば以降にこうした政策の方向転換をおこなう。1980年代半ばに政府はインドの研究活動に関して、政府の研究への投資が研究所中心であった状況を正す必要があるという認識に立ちはじめた[4]。たとえば、「第7次5カ年計画(1985-1990)」の目標には大学における研究の重視が掲げられていた。また、「1992年行動計画」では、多くの研究機関が大学制度の外に設置されてきたが、もし高等教育がより重要性をもち、最も困難な問題を解決しなければならないのならば、研究において大学が中心的な位置を占める必要があるとされたのである[5]。すなわち、1990年代以降の本格的な市場化のもとで、国際的な競争にさらされるようになったインドでも、より高度な知識や技術が求められるようになるなか、高等教育の重要性を高め、インド社会の発展や問題の解決を図るためには、もはや大学(高等教育)と、発展や問題解決に寄与する最先端の研究は分離しておくことができないと政府は判断したのだった。

　このように政府は1990年代半ば以降、大学を教育機関としてだけでなく、研究機関にすることを積極的に目標にしてきた。一方で、機関の8割以上を占めるカレッジには、依然として研究機関であることを積極的に求めることはなかった。

　それでは、連邦政府は教員の資格として何を求めてきたのか。次項では、その内容について詳しくみていく。

第2項　UGC規則

　インドではすでに1960年頃から教員の質と量、労働環境、処遇などに問題があると認識されてきた。そこで1983年から1985年にかけてこれらの問題解決を図るために、「教員に関する国家委員会(National Commission on Teachers)」と呼ばれる委員会が設置された。この委員会では、初等教育から高等教育まですべての段階の教員についてその問題の改善に向けた調査や議論が重ねられた。大学教員に関しても、その量的拡大とそれに伴って質に問題が生じていることが述べられ、「社会的地位の向

上」「労働環境」「職業的な倫理と価値」「専門職としての卓越性」などの観点から、その問題点の改善策に向けて議論された後、1985年に報告書が提出され、大学教員の質の評価や基準に対する提案もおこなわれた[6]。

その背景としてあったのは、1960年代以降、インドでは高等教育が拡大し、それに伴って大学教員の需要も拡大したことである。ところが、それに応えるだけの十分な能力をもった教員が大学に送り込まれず、そうしたことが大学の教育水準の低下を招いた一因だと考えられていた。そこで委員会では、全国レベルでの大学教員の資格試験を導入することを提案した。また報告書では、たとえば昇進に関して大学教員は年功序列ではなく、業績に応じて評価される必要があるとし、そうした仕組みを導入することも提案した。

こうした提言に基づき、まずUGCと「科学産業研究委員会(Council of Scientific & Industrial Research、以下CSIRと略)」は、1989年から「全国資格試験(National Eligibility Test、以下NETと略)」と呼ばれる大学教員になるための資格試験を開始した。これについては、次節で詳細に述べる。一方で、NETは大学教員になるための資格試験、すなわち大学教員の職階で一番低い「講師」になるための資格試験であり、その上の「助教授」「教授」を対象としたものではなかった。そこでUGCは、NETも含めた大学教員の水準に関する規則を出すことで、すべての大学教員を対象にその最低資格などを定めた。1991年には、「1991年大学とカレッジにおける教員の採用の最低限の資格に関するUGC規則(UGC Regulations, 1991 regarding Minimum Qualifications for Appointment of Teachers in Universities and Colleges、以下「1991年規則」と略)」[7]が公表された。その後、1998年の「大学とカレッジにおける教員の採用のための最低限の資格、その水準の維持のための手段、給与体系の改定に関する1998年UGC通知(UGC Notification on Revision of Pay Scales, Minimum Qualification for Appointment of Teachers in Universities & Colleges and Other Measures for the Maintenance of Standards, 1998、以下「1998年通知」と略)」[8]、そして2010年の「(大学とカレッジにおけ

る教員とその他の職員の採用のための最低限の資格と高等教育における水準の維持のための手段に関わる）2010年UGC規則（UGC Regulations (on Minimum Qualifications for Appointment of Teachers and Other Academic Staff in Universities and Colleges and Measures for the Maintenance of Standards in Higher Education), 2010, 以下「2010年規則」と略）」[9]と改定されている。2018年にはさらに、「大学とカレッジにおける教員とその他の職員の採用のための最低限の資格と高等教育における水準の維持のための手段に関わる2018年UGC規則（UGC Regulations on Minimum Qualifications for Appointment of Teachers and Other Academic Staff in Universities and Colleges and Measures for the Maintenance of Standards in Higher Education, 2018、以下「2018年規則」と略）」[10]に改定されている。

　このように、UGCは1991年に初めて大学教員の最低限の資格に関する規則を公布し、その後は約10年ごとに改定をおこなっている。それでは、各規則には具体的にどのようなことが規定されているのか。以下では、「1991年規則」「1998年通知」「2010年規則」「2018年規則」における教員の「職務」と「資格（採用と昇進）」に関する規定について整理していく。

　まず、「職務」に関する規定内容についてみていく。

　UGCは1991年から大学教員の最低基準に関わる規則を公表しているが、大学教員の職務については「1998年通知」で初めて規定された。「1998年通知」の第15項「仕事量」では、大学教員が果たすべき最低限の職務とその時間について明記されている。それによると、大学教員は1年で少なくとも30週（180日）、また週あたりでは40時間勤務しなければならないことになっている。その勤務時間のうち、講師は最低週16時間、助教授と教授は週14時間を「教育のための時間（teaching hours）」に費やさなければならないと規定している。ただし、教授に限っては研究、公開活動（extension activities）、管理運営に従事する場合、教育のための時間が週2時間に限り緩和されることとなっていた。この規定は、週14時間と定められている教育のための時間が研究のためなどに使用される場合、教授

のみ週12時間でもよいことを意味している。このように、「1998年通知」では教授に限って教育活動の時間を研究に振り分けてもよいとは規定されているが、研究活動が大学教員の職務として明示的には求められていなかった。一方、これらの規定には大学教員が必ずおこなわなければならない職務として研究が含まれていないが、だからといって講師や助教授が研究を禁止されていたわけでないことには注意が必要である。

続いて「2010年規則」では、そうした「仕事量」に関する内容が一部変更された。具体的には、第15項「仕事量」において、年と週の勤務時間および「教育のための時間」に関する規定は、「1998年通知」と同様である。ただし、第15.2項において、教授だけに認められていた2時間の緩和に関わるなかから研究が削除され、それに代わる形で、職階にかかわらずすべての大学教員には最低でも週6時間研究に配分されなければならないものとすることが加えられたのである。すなわち、「1998年通知」まで大半の大学教員には少なくとも教育に従事することだけが制度として求められていたが、「2010年規則」からは、教育と研究の時間配分に差はあるものの、すべての大学教員が教育に加え、研究に従事するものとされたのである。

こうした変化の背景にあるのは、依然として続く高等教育機関における研究活動の不足である。それは「2010年規則」の2年後から始まった「第12次5カ年計画(2012-2017)」のなかからも読み取ることができる。この5カ年計画では、「インドのトップの大学さえも、大部分が依然として教育に焦点があてられていて、研究は限定的」[11]であり、すべての高等教育機関が研究活動に基礎を置くことは難しいにしても、国はすべての高等教育機関で研究という文化を推進することが重要であるとしている。したがって、あらゆる高等教育機関に研究という文化を根づかせるためには、実際に研究に携わる大学教員にこそ研究を求める必要がある。つまり「2010年規則」は、すべての大学教員の職務に研究を求めることを通じて、高等教育機関に研究という文化を根づかせようとしているのである。

　このように大学教員の職務に関しては、「1998年通知」では教育活動のみが規定されていたが、「2010年規則」では教育に加え研究活動も規定されることになったのである。

　そして「2018年規則」については、年と週の勤務時間および「教育のための時間」に関する規定は、引き続き「1998年通知」「2010年規則」と同様であるものの、「2010年規則」にあったすべての大学教員には最低でも週6時間研究に配分されなければならないものとすることが削除された。ただし、研究重視の傾向に鑑みれば、この改定が研究をしなくてもよいことを意味するわけではないだろう。

　続いて、「1991年規則」「1998年通知」「2010年規則」「2018年規則」の順に、「採用（Recruitment）」と「昇進（Promotion）」に関わる最低限の資格の内容について検討する。このうち「採用」は、外部から直接採用されること（Direct Recruitment）を指す。以前の講師や現在の助教授のような一番低い職階の場合は、すべて「採用」となる。

　まずは、「1991年規則」における「採用」から順に検討していくことにする。講師になるための最低限の資格として、修士課程での期末試験の点数の割合が少なくとも55％であることに加え、先述したNETに合格することを条件として明記した。詳細は後述するが、このNETの試験問題は大きく二つの内容から構成されている。大きな割合を占めているのは、各専門科目における幅広い知識を問う問題である。もう一つは、「教育と研究の適性」を問う問題である。ここからわかることは、比重としては少ないものの、それでも教育だけでなく、研究の適性も講師として最低限必要な資質とされていることである。また助教授になるための最低限の資格としては、Ph.D.もしくは同等の著作物があることに加え、講師として教育と研究に8年間従事すること、さらに出版物の質や教育的な革新への貢献、新たなコースやカリキュラムの設計によって学問分野での活躍があることが求められた。そして教授に関しては、「高名な（eminent）学者、すなわち高い質の出版物を有し、積極的に研究をおこない、大学/国家レベル

の機関の大学院の教育・研究(博士課程での経験もしくは研究指導を含む)に10年間従事した経験をもつ学者」もしくは「著名な(outstanding)学者、すなわち名声を博し、知識に重要な貢献をした学者」のどちらかを満たすことが条件となっている。

「昇進」については、「1991年規則」において3段階ある。まず講師から講師(上級)[12]に昇進する場合は、①講師として採用後8年勤務、②最低でも再教育講座(refresher course)、夏季講習会(summer institutes)に二つ参加すること、③継続的な好成績の評価報告書(constantly good performance appraisal reports)があることが求められる。②の再教育講座は、「アカデミック・カレッジ(academic college)」と呼ばれる現職の大学教員のための訓練施設でおこなわれる教育技術向上のためのプログラムである。こうしたことから、講師内での昇進において特に明示的に求められているのは、教育能力であることがわかる[13]。次に、講師(上級)から助教授に昇進する場合は、①講師(常勤)として8年勤務、②Ph.D.もしくは同等の著作物があること、③自己評価によって証拠づけられた学問や研究、審査員の報告書、出版物の質、教育的な革新に対する貢献、新しいコースとカリキュラムの設計などでの功績があること、④最低でも再教育講座などに二つ参加すること、⑤継続的な好成績の評価報告書があることが求められる。なお、教授への昇進に関しては規定がなく、上述の教授に採用されるための資格を満たすことがその条件となっていた。

この「1991年規則」では、講師(上級)から助教授に昇進するためには上記のルートとは別に「セレクション・グレイド(Selection Grade)」という制度があった。具体的には、「1991年規則」では、Ph.D.もしくは同等の出版物がない、学問や研究が水準に満たない教員には、教育における優れた記録、学外教育活動への参加が昇進のための判断材料とされたのである。

以上をふまえて、「1991年規則」における資格(採用と昇進)についてまとめると、全体として教育と研究がともに求められているが、「セレクション・グレイド」のような教育活動の業績のみで昇進できる制度があることなど

を考慮すると、必ずしも研究活動が必要とされているわけではないことがわかる。

　「1991年規則」に続き、「1998年通知」の内容を検討すると、「1998年通知」における「採用」については、助教授になるために必要とされる教育と研究の年数が8年から5年に緩和されている以外は、「1991年規則」とほとんど変わらない。

　一方で、「昇進」についても、講師から講師（上級）、講師（上級）から助教授への昇進に必要な教育と研究の年数が緩和された点を除けば、特に大きな変化はない。また、「1998年通知」にも上述の「セレクション・グレイド」はあるが、昇進の判断材料に「機関の団体生活への貢献」が加わった他は、特に大きな変化はない。ただし、教授への昇進に関しては新たな規定が設けられ、助教授として8年勤務することに加え、①自己評価報告書を提出していること、②研究への貢献、著作物、論文があること、③他の学問的貢献、④セミナー、学会に参加していること、⑤教育・学問的な環境、機関の団体生活に貢献していること、⑥学外教育活動を実施していること、が指標として求められるようになった。

　以上をふまえて、「1998年通知」における資格（採用と昇進）についていえることは、教授への昇進に関してはより明文化されたものの、講師から助教授までの採用と昇進に関わる教育と研究の経験年数はむしろ緩和されており、「1998年通知」「1991年規則」よりも厳しくなったとはいえない。むしろ、全体としてみれば「1991年規則」とほとんど変わらないといえる。

　それでは、「2010年規則」は「1991年規則」「1998年通知」と比べてどのような内容となっているのか。「2010年規則」における「採用」についてみれば、助教授の場合は「1991年規則」「1998年通知」の講師と比べても特に変わりはない。ただし、准教授と教授の場合、「1998年通知」の内容に加えて、「アカデミック・パフォーマンス評価制度（Academic Performance Appraisal System）」と呼ばれる評価制度の導入によって、「アカデミック・パフォーマンス指標（Academic performance indicators、以下APIと略）」という指

標が大学教員の資格に導入された点は大きな変化である。APIは、「教育、学習、評価に関連する活動」「正課併行(co-curricular)、学外活動(extension)、専門能力の開発に関する活動」「研究と学問的貢献」の三つのカテゴリーに分かれている。また、詳細は後述するが、各カテゴリーにはそれぞれに関わるより細かな項目があり、それらの項目が点数化されている点にその特徴がある。APIのような評価の指標が導入された背景には、「2010年規則」と同時におこなわれた大学教員の給与の増額に伴うアカウンタビリティ強化の側面があるといわれている[14]。つまり、APIの導入は、特に公的な資金によって給与の一部でも賄われている大学教員は、給与が大幅に上昇した以上、それに応えるだけの成果とその説明責任が問われるようになったということである。ただし、「採用」の場合、APIが用いられるのはカテゴリー3の「研究と学問的貢献」のみである。「カテゴリー3」の項目は、①掲載研究論文、②研究出版物(書籍、書籍の章、審査有学術論文とは別のもの)、③研究プロジェクト、④研究指導、⑤訓練コースと学会/セミナー/ワークショップでの論文、の五つに大別される。また、2013年におこなわれた「2010年規則」の一部改定において、①から⑤までの合計点を計算する際には、それぞれ①30%、②25%、③20%、④10%、⑤15%を上限とすることが求められた(①から⑤までのどれかが偏らない、あるいは①から⑤までそれぞれ上記の割合で研究を評価するという目安としての値)。さらに、「採用」の場合に「2010年規則」は、最終的な採用の選考に当たる各大学の選考委員が、上記の採用のための最低限の資格を、どのようなウエイトで評価するのかに関わる簡単な指標を提示している。まず助教授の場合、①学術的な記録と研究業績(50%)、②領域の知識と教育能力(30%)、③面接(20%)の割合で評価することを求めている。一方で、准教授と教授の場合、①学術的な背景(20%)、②APIスコアに基づいた研究業績と出版物の質(40%)、③領域の知識と教育能力(20%)、④面接(20%)の割合で評価することを求めている。

　次に「昇進」についてみると、「2010年規則」は、「1991年規則」「1998

年通知」とは異なり、助教授から教授までの昇進には、大学では6段階(ステージ1から6まで)、カレッジでは5段階(ステージ1から5まで)に分かれている。また、「2010年規則」では、昇進のためにすべての職階においてAPIが導入されている。ただし、採用の際は「カテゴリー3：研究と学問的貢献」のみが用いられたが、昇進の際にはそれに加え、「カテゴリー1：教育、学習、評価に関連する活動」「カテゴリー2：正課併行、学外教育、専門能力の開発に関する活動」に関する指標も用いられる。

　ここで各カテゴリーについて少し詳しく整理しておくと、まず「カテゴリー1」は、①講義、演習、個別指導に占める時間(最高50点)、②UGCのノルマ(注：Workload)よりも多い講義あるいは他の教育(最高10点)、③カリキュラムに従った知識／教育の準備と授与、学生に追加的な補助教材を提供することによるシラバスの強化(最高20点)、④参加的で革新的な教育−学習の方法論の使用、教科内容の最新化、コースの改善など(最高25点)、⑤割り当てに従った試験の義務(試験監督、試験問題の準備、答案用紙の評価／評定)(最高25点)の5項目で構成されている。1年あたりの①から⑤項目までの最高点は合計で125点であり、毎年度少なくとも75点獲得することが条件となっている。

　一方、「カテゴリー2」は、①学生に関連した正課併行、学外教育、現場に基づいた活動(NSS/NCC[15]や他の経路を通じた学外教育活動、文化的な活動、教科に関連したイベント、アドバイス、カウンセリング)(最高20点)、②学問や管理運営に関わる委員会や責務に関与することを通じた、学部や機関の団体生活への貢献(最高15点)、③専門能力の開発活動(セミナー、学会、短期訓練コース、講演、講義、団体メンバー、普及、カテゴリー3でない一般的な論説文への参加)(最高15点)の3項目で構成されている。①から③項目までの1年あたりの最高点は合計50点であり、少なくとも毎年度15点獲得することが条件となっている。

　「カテゴリー3」の内容は**表3−1**の通りであるが、求められる点数がステージ及び教員の所属機関(大学もしくはカレッジ)によって異なる。また、

表3－1　カテゴリー3：研究と学問的貢献（一部抜粋）

	API	工学/農学/獣医学/科学/医学	言語学/人文学/社会科学/図書館学/体育学/経営学	最高点（点/条件）
III（A）	掲載研究論文	審査有学術誌	審査有学術誌	15/掲載
		審査無だが一般に認められ評判の高い学術誌や定期刊行物、ISBN/ISSN有	審査無だが一般に認められ評判の高い学術誌や定期刊行物、ISBN/ISSN有	10/掲載
		論文の学会報告書など（要約は含めない）	論文の学会報告書など（要約は含めない）	10/掲載
III（B）	研究出版物（書籍、書籍の章、審査有学術論文とは別のもの）	査読有の国際的な出版社によって出版された教科書あるいは参考図書	査読有の国際的な出版社によって出版された教科書あるいは参考図書	50/単著、10/共編書の章
		全国レベルの出版社による教科書/ISBN/ISSN有の州や中央レベルの出版物	全国レベルの出版社による教科書/ISBN/ISSN有の州や中央レベルの出版物	25/単著、5/共編書の章
		ISBN/ISSN有の地方の出版社による教科書	ISBN/ISSN有の地方の出版社による教科書	15/単著、3/共編書
		国際的な出版社によって出版された知識ベースの共編書の章	国際的な出版社によって出版された知識ベースの共編書の章	10/章
		ISBN/ISSNや全国的、国際的な索引番号のあるインド/全国レベルの出版社による知識ベースの共編書の章	ISBN/ISSNや全国的、国際的な索引番号のあるインド/全国レベルの出版社による知識ベースの共編書の章	5/章

出典：UGC「2010年規則」を参考に筆者作成。

研究論文や出版物の他に、研究プロジェクトの獲得、研究指導、訓練コースと学会/セミナー/ワークショップでの論文の成果に対してもそれぞれ加点される。

　3項目のAPIの他に、四つ目として大学の委員会による評価が加わる。これもステージ及び教員の所属機関によって異なる。助教授の場合、この評価は求められない。助教授から准教授、准教授から教授への昇進の際は、①研究への貢献、②領域の知識と教育活動の評価、③面接が条件

となっている。教授内の昇進（ステージ5から6）の際は、①研究、②業績評価が条件となっている。

　このように、「2010年規則」では、APIが導入されたことによって、教員の業績が点数化され、その結果、より明確化された形で教員の「採用」や「昇進」がおこなわれるようになった。

　それでは、「2018年規則」は「2010年規則」と比べてどのような内容になっているのか。

　「2018年規則」における「採用」については、助教授の場合、これまで通り修士課程での期末試験の点数の割合が少なくとも55％であることに加え、大学教員資格試験の合格もしくはPh.D.の取得が条件であることには変わりはない。

　ただし、「2010年規則」では、助教授の採用には後述する2009年の「学位規則」を満たすPh.D.は採用の条件として認められるようになったが、そこには外国のPh.D.は含まれていなかった（すなわち、インド国内で取得したPh.D.のみ有効だった）。一方で、「2018年規則」では、QS (Quacquarelli Symonds)、THE (Times Higher Education) もしくはARWU（上海交通大学によるAcademic Ranking of World Universities)の世界大学ランキングで500位以内の外国大学のPh.D.の取得も採用の条件として認められた。また、2021年からは、大学で助教授として採用される場合、Ph.D.が必須になっている。准教授の場合、修士課程での期末試験の点数の割合が55％、Ph.D.の取得に加え、助教授として最低8年勤務、査読有などの学術論文が最低7本の他に、「2010年規則」の「カテゴリー3」のようなものをもとに、**表3−2**にあるような研究に関わる得点で75点を獲得する必要がある。教授の場合、Ph.D.の取得、査読有などの学術論文が最低10本、准教授として最低10年勤務に加え、准教授と同じく表3−2の研究に関わる得点で120点を獲得する必要がある。また、Ph.D.をもつ著名な専門家も教授に採用されることとなっている。なお、大学の教授の10％の割合までに限り、優秀な研究業績や、教授として最低10年以上の勤務など

表３−２　「2018年規則」における研究加点（一部抜粋）

学術的/研究活動		科学/工学/農学/医学/獣医学部	言語学/人文学/教養学/社会科学/図書館学/教育学/体育学/商学/経営学＆その他の学部
1	査読付論文 もしくはUGCがリストアップする雑誌	論文１本あたり 8点	論文１本あたり 10点
2	出版物（もしくはその他の研究論文）		
	（a）出版され執筆された書籍；		
	国際的な出版社	12点	12点
	国内の出版社	10点	10点
	編著の１章担当	5点	5点
	国際的な出版社による書籍の編者	10点	10点
	国内の出版社による書籍の編者	8点	8点
	（b）有能な教員によってインドでの言語や外国語への翻訳		
	１章もしくは研究論文	3点	3点
	書籍	8点	8点

出典：UGC「2018年規則」を参考に筆者作成。

を条件に、新たに「上級教授（Senior Professor）」として採用されることになった。

　次に「昇進」についてみると、たとえばカレッジの助教授の場合、助教授のなかでも３段階の昇進（レベル10からレベル12まで）があるが、助教授（レベル12）から准教授（レベル13A）への昇進の場合、まずその条件として、レベル12で３年間助教授を勤めること、Ph.D.を取得していることなどが求められる。一方で、昇進の基準としては、**表３−３**の基準において（助教授として勤務した３年間のうちの後半の）２年間の評価が良（Satisfactory）もしくは優（Good）であること、校長（Principal）などの執行部のメンバーを含む選考委員会（Selection Committee）の推薦を受けることとある。また、准

表３－３　大学/カレッジ教員の評価基準と方法

	活動	採点基準
1	教育(授業数/配分されている総授業数)	80％以上…優(Good) 70％以上80％未満…良(Satisfactory) 70％未満…不良(Not satisfactory)
2	大学/カレッジにおける学生関係の活動/研究活動への関与 （a）管理職 （b）試験や評価もしくは試験の採点 （c）学生の課外活動 （d）セミナー/会議/ワークショップなど （e）博士課程の研究指導 （f）研究プロジェクト （g）査読付もしくはUGCがリストアップする雑誌で少なくとも単著か共著で１本	優…少なくとも三つの活動に関与 良…一つから二つの活動に関与 不良…全く関与なし

出典：UGC「2018年規則」を参考に筆者作成。

　教授から教授(レベル14)への昇進の場合、まずその条件として、レベル13Aで３年間准教授を勤めること、Ph.D.を取得していること、査読有もしくはUGCがリストアップする雑誌で最低10の論文、表３－２の研究に関わる得点で110点を得ることが求められる。

　一方で、昇進の基準としては、(准教授として勤務した３年間のうちの後半の)２年間の評価が良(Satisfactory)もしくは優(Good)であること、表３－２の研究に関わる得点で110点を得ること、選考委員会(Selection Committee)の推薦を受けることとある。

　以上のように、本節では、「1991年規則」「1998年規則」「2010年規則」「2018年規則」の順に、職務、資格(採用と昇進)の内容について検討した。以上の内容をまとめると次のようになる。「1991年規則」「1998年規則」の内容は全体として大きな変化はないものの、「2010年規則」は「職務」「資

格(採用と昇進)」で大きな変化があった。具体的には、「職務」は研究が明示的に求められるようになったこと、「資格(採用と昇進)」は、APIが導入されたことである。また「採用」の場合はAPIの研究が重視されていること、「昇進」の場合は比重が大学とカレッジ、また職階によって異なるものの、研究がより明示的に要求されるようになったことが大きな変化であった。一方「2018年規則」への改定も、評価方法に一部変更があったものの、引き続き研究がより重視されていることが示唆された。

第2節　大学教員資格としての博士号

　すでにみてきたように、UGCは1990年代以降、その権限に基づき大学教員になるための最低限の資格に関する規則を定めてきた。そこで本節では、UGCの大学教員資格に着目することで、インドにおいて博士号が大学教員になるための要件としてどのように捉えられてきたのかを検討する。

第1項　博士号の授与数と専攻別の比率の推移

　それでは、インドにおいて博士号授与数がどのように推移していったのかを整理することからはじめる。

　まずインドにおける1990年代以降の高等教育全体の学生数の推移をみると、1991-92年度で553万4,966人、2001-02年度で896万4,680人、2011-12年度では2,918万4,331人、2019-20年度で3,853万6,359人となっている[16]。それに対して博士号授与数の推移をみると、1991-92年度には8,743、2001-02年度には1万1,899、2011-12年度には2万652、2019-20年度には3万8,986の博士号が授与されている。学生総数と博士号授与数の各増加率を比べると、まず学生総数の増加率は、1991-92年度から2001-02年度で約1.6倍、2001-02年度から2011-12年度で約3.4倍、2011-12年度から2019-20年度で約1.3倍となっている。それに

対して、博士号授与数は1991-92年度から2001-02年度で約1.4倍、2001-02年度から2011-12年度で約1.7倍、2011-12年度から2019-20年度で約1.9倍となっており、学生総数とともに博士号授与数も増加しているが、2011-12年度から2019-20年度にかけては、博士号授与数の方が高い増加率を示している。なお、博士課程に在籍する学生数については、2019-20年度で20万2,550人となっている[17]。

　次に、専攻別に博士号授与の比率をみると、特に人文社会科学系（Art）では全体に占めるその割合は約3割で最も多いものの減少傾向にある。一方で、工学・科学技術系（Engineering/Technology）では増加傾向にある（博士号授与全体に占める工学・科学技術系の博士号の割合は、1991-92年度で3.4％だったのが、2001-02年度で6.3％、2012-13年度で10.5％、2019-20年度で15.4％となっている）。こうした背景には、政府も「第11次5カ年計画（2007-12）」において、研究開発（R&D）に携わる博士号取得者の数が低いという観点から、工学と科学技術分野の博士号を増やすことを目標としていることが一つに考えられる[18]。すなわち5カ年計画をみる限り、全体ではないにせよ分野によっては少なくとも政府は博士号の増加を意図し、実際にその数と全体に占める割合は急増している。

　以上をまとめると、1990年代以降インドにおいて博士号取得者は増加しているが、高等教育全体の伸び率には及んでいない。ただし、工学などの分野によっては政府も博士号の増加を意図し、また実際にその割合は増加している。

　それでは、博士号と大学教員資格はどのような関係にあるのか。

第2項　博士号と大学教員資格の関係

　UGCは「1991年規則」公布当初、1990年1月1日から講師に採用されるものはすべて大学教員資格試験に合格することが大学教員になるための基礎要件とすることを想定していた。ただし「1991年規則」公布後、UGCは1990年12月31日までに博士号を取得していれば大学教員資格

試験を免除することとした。というのも、大学教員資格試験の合格が大学
教員になるための基礎要件とされる頃（1990年以後）までに博士号を取得し
て教員になる予定だった人は、自らが大学教員になる頃に試験の合格が
要件となることを想定していなかったからというものであった。また1年
の猶予期間では短いという学生などの反対から、大学教員資格試験の免
除は1993年12月31日まで延長されることとなった[19]。

　その一方で、UGCは大学教員の給与や大学教員資格などについて話し
合うため、1994年から1997年にかけて「第5回賃金再考審議会（5th Pay
Review Committee, 1994-97、以下第5回PRCと略）」と呼ばれる審議会を開い
た。そのなかで審議会は、大学教員になるための基礎要件として、博士
号取得者については大学教員資格試験を免除することを勧告した。その
理由として、インドはさまざまな分野において研究をより進める必要があ
り、また研究を進めることはインドの高等教育システムにとって非常に重
要なことであるとし、もし博士号取得者が大学で教職に就くのが困難とな
れば高等教育における研究活動に悪影響を与えかねないからというもの
であった[20]。

　そしてこれらの勧告に基づき、1998年には前節で確認した「1998年通
知」が公布された。そのなかで博士号取得者については、大学教員になる
ためには依然として大学教員資格試験の合格を前提とするものの、実際
に博士号取得者が大学教員資格試験に合格していなければならないかど
うかは、最終的に採用する各大学の判断に任せるとした。その結果、多く
の大学では博士号取得者には大学教員資格試験を免除することとする措
置をとった[21]。

　しかし2年後の2000年にUGCは「大学とカレッジにおける講師、准教
授、教授の採用と昇進のための最低基準に関するUGC規則（UGC
Regulation on minimum qualifications for appointment and Career Advanced
Lecturers, Readers and Professors in the University and Colleges、以下「2000年規則」
と略）」を改めて設けることとした。そしてUGCは、「1998年通知」におい

て「博士号取得者については、大学教員になるためには依然として大学教員資格試験の合格を前提とするものの、実際に博士号取得者が大学教員資格試験に合格していなければならないかどうかは、採用する各大学の判断に任せる」としていた先の見解を撤回し、1993年以降に博士号を取得した者については大学教員資格試験の合格を再び義務づけた。こうした方向転換の背景には、「1998年通知」によって多くの大学が博士号取得者に対して大学教員資格試験を免除しているため、博士課程への入学者が増加し、それゆえに博士号の急増に伴うその質の低下をUGCが懸念したことがあった[22]。すなわちUGCは、大学の判断によって研究者の卵である博士号取得者が大学教員になれる、またはそれによって研究が推進される可能性が高まるという第5回PRCの構想よりも、博士号を取得すれば容易に大学教員になれるということが広まり、その結果博士号が急増し質が低下してしまう可能性を避けることを選択したのである。ただし2002年におこなわれた「2000年規則」の第1次改定（以下「2002年改定」と略）では、博士号取得者に対する大学教員資格試験の免除を2002年までに延長することとした。

　その後2006年から2008年にかけて人的資源開発省は、NETの有効性の是非などを議論するために「NET再考審議会（NET Review Committee、以下NRCと略）」を設置した。NRCは2006年の中間報告において、大学教員になるための基礎要件として、今後すべての博士号取得者については大学教員資格試験を免除することを勧告した。そのため、2006年におこなわれた「2000年規則」の第2次改定（以下「2006年改定」と略）では、大学教員になるためには依然として大学教員資格試験の合格を前提とするものの、博士号取得者については、学部（undergraduate）、大学院（post-graduate）レベルの教育をおこなうことを認めるとした[23]。特にこの頃は、第1節で触れた「第11次5カ年計画（2007-12）」（NRCの議長であるMungekarは5カ年計画のメンバーでもある）や、前章でも触れた2006年から2008年まで開かれた首相の諮問審議会である「国家知識委員会」の時期と重なり、博士

号の増加や研究の促進が全国規模で改めて強く訴えられていた。

　しかし2008年に出されたNRCの最終報告では、「2006年改定」以降質の低い博士号が出回っていることに対する批判から、大学教員資格試験を再び義務づけることや、博士号の質の改善を勧告した。また同年2008年にUGCは、「1998年通知」から10年が経過しており、大学教員の給与や大学教員資格などについて再び話し合うため、「第6回賃金再考審議会（6th Pay Review Committee, 2008、以下第6回PRCと略）を開いた。そこでも博士号取得者に対する大学教員資格試験の免除について議論された。そして第6回PRCは、NRCでの議論もふまえ、博士号の質の改善、より具体的には「博士号の指導教員の適格条件」「入学の手続き」「指導教員の配置」「コースワーク」「評価と評価方法」「UGCでの保管」の6項目からなる博士課程の最低限のガイドラインを提示した。

　その結果、「2006年改定」に対して2009年におこなわれた第3次改定（以下「2009年改定」と略）では、大学教員になるためには依然として大学教員資格試験の合格を前提とするものの、「2009年UGC（哲学修士号／博士号の授与のための最低限の水準と手続きに関する）規則（UGC (Minimum Standards and procedure for the Award of M.Phil/Ph.D. Degree), Regulation, 2009、以下「2009年学位規則」と略）」の規定を満たす博士号取得者ならば、大学教員資格試験の合格を免除することとした。なお、この学位に関するUGCの規則も、第1章で触れたUGC法第5章「雑則」第26条「規則を定める権限」のなかにある「(f) 大学による学位授与のために教育の最低限の基準を定義する」のことを指し、大学教員資格と同様に中央が規則を設ける権限を有している。「2009年学位規則」は、先の第6回PRCにおいて提示されたガイドラインに基づき、それに哲学修士号も加えられた「哲学修士号／博士号の指導教員の適格条件」「入学の手続き」「指導教員の配置」「コースワーク」「評価と評価方法」「UGCでの保管」の六つの項目で構成され、各項目にはその細かな内容が規定されている。たとえば「入学の手続き」については、各高等教育機関がおこなう入学試験を通じて学生の入学を認

めることや、博士課程入学(進学)希望者については入学(進学)試験における面接の際に自らの研究関心/領域について議論することが求められている。また「コースワーク」については、最低1セメスターの間、研究の基礎的な方法論に関するコースを受けなければならないとされている。さらに「評価と評価方法」については、博士論文が最低2人以上の専門家によって評価され、少なくともそのうち1人は州外のものとされている。こうして「2009年改定」では、これらすべての項目を満たす博士号を取得した者のみが、大学教員になるための基礎要件として認められることとなった。なお「2009年改定」後には、新たに「2010年規則」が公布されたが、大学教員になるための資格については「2009年改定」の内容と変化はない[24]。

　一方で前節でも述べたが、「2018年規則」では世界大学ランキングで500位以内の外国大学のPh.D.の取得も採用の条件として認められた。また2021年からは、大学で助教授として採用される場合、博士号が必須になっている。

　本節では、博士号と大学教員資格の関係について検討した。以上をまとめると、まずインドではこれまで原則として、大学教員になるための最低限の資格として、一定基準の修士号の取得と、大学教員資格試験に合格しなければならないとされてきた。そのうえで、1990年代以降の大学教員資格における博士号の扱いをめぐる議論やそれらに関わるUGCの規則に着目すると、大きく分けて二つの動きがあることがわかる。一つは、インドにおける研究の促進やそのための博士号の増加などを支持する人々によって、UGCの規則において博士号を大学教員になるための基礎要件にしようとする動きである。具体的には、1990年代半ばから後半にかけての第5回PRCの勧告とそれに伴う「1998年通知」、および2000年代半ばのNRCの勧告とそれに伴う「2006年改定」に共通してみられる。もう一つは、UGCの規則において博士号を大学教員になるための基礎要件とすることに伴い、質の低い博士号の蔓延を懸念し、その結果博士号を大学教員になるための基礎要件とすることへの反発としてUGCの規則を

改める（大学教員資格試験の合格を義務づける）動きである。具体的には、「1998年通知」に対する「2000年規則」、および「2006年改定」に対する「2009年改定」に共通してみられる。そしてこれら二つの動きの結果として生まれたのが、博士号を大学教員になるための基礎要件とし、かつ博士号の最低限の質の担保を満たす制度として「2009年学位規則」を設けることを条件にUGCの規則が改定されるという動きであった（2009年改定）。また、「2018年規則」では、世界大学ランキングで500位以内の外国大学のPh.D.の取得も採用の条件として認められた。このように、中央がその質を厳しく管理することによって、博士号の位置づけを高めようとする動きをみてとることができる。

第3節　大学教員資格試験制度

　前節では、大学教員資格としての博士号の位置づけについてみてきたが、インドでは大学教員資格を取得するうえで、もう一つ大学教員資格試験というものが存在する。そこで本節では、まず大学教員資格試験制度における連邦と州の権限関係を整理し、その後でNETと州資格試験（State Eligibility Test、以下SETと略）の関係などについて検討する。

第1項　大学教員資格試験制度における連邦と州の権限関係

　大学教員に採用されるための最低限の資格に関する規則に基づいて、UGCはNETを実施している。

　その一方、博士号の質に関しては中央が一元的に管理しているが、NETに関しては、UGCは自らがNETを実施するだけでなく、SETの実施を認めてきた。それでは、各州はどのような場合にSETの実施が認められるのか。UGCは州にSETの実施を認める理由を二つ挙げている[25]。

　一つは、大学教員資格試験の問題文に使用される言語に関係している。インドでは、連邦の公用語はヒンディー語、準公用語は英語となっており、

そのためUGCがおこなうNETの問題文は、ヒンディー語と英語の二つのみとなっている。首都デリー周辺を含めインド北部や中部の州ではヒンディー語圏の州もあるものの、インド全体としてみれば使用されている言語は多様であり、そのため各州は州の公用語を定めている。また、各州の高等教育機関では州の公用語が教授言語として使用されていることがあるため、多くの州では自分たちの言語(州の公用語)で試験を受けたいとの要望が高く、NETではヒンディー語と英語でしか実施されない以上、各州は自州の公用語で試験を実施することを望んだ。そこで、UGCはNETと同水準の試験をおこなうのであれば、州が自分たちの言語でSETを実施することを認めることとした。

　もう一つは、大学教員資格試験における地方(州)特有の科目の実施に関係している。基本的にUGCはNETにおいて、各専門分野の試験科目を用意するが、場合によってはあまりにも地方限定の科目、つまりその専門科目が設置されている地域がごく一部の州などに限られている場合は、それに対応した試験を用意することができないこともあるとしている。したがって、州がその地方限定の科目に大学教員の資格を定めたい場合は、先と同様にNETと同水準であれば、UGCはその実施を認めることとした。

　なお、博士号であれば、そもそもどちらの理由にも配慮する必要はないため、大学教員資格試験のような問題は起こらず、中央が単独で管理することができる。

　このように、二つの理由でUGCによってSETの実施が認められているが、上述したようにUGCがSETの実施を認めるのは、SETが「NETと同水準」である場合に限るとしている。そこで、1990年5月に開かれた会合でUGCは、試験の認定に関する委員会(UGC Committee on Accreditation of Test、以下UGC-CATと略)の設置を決定した。UGC-CATは、①試験をおこなうためのガイドラインを定める、②UGC/CSIR以外の機関によっておこなわれる試験の認定をする、③他の機関によっておこなわれる試験の監視および追跡調査をする、④試験の組織化において州レベルの機関に

指導や助言をおこなう。そして、UGCは州がSETを実施できるまでに、SETがNETと同水準であることを担保する仕組みとして、二段階の認定（accreditation）をおこなっている。

　第一段階は、UGCによるSETの実施主体（State Agency）の認定である。具体的には、UGCの一部局でNETの実施主体でもある「国家教育テスト局（National Educational Testing Bureau）」によって、州のSETの実施主体に対する評価と認定がおこなわれる。SETの実施主体は一般的に、各州の教育担当省庁が実施主体となる機関を候補として指定する。それらは主として大学や州の試験機関、高等教育の教員の雇用に関連する機関（たとえば、公益事業委員会 (Public Service Commission)）となっている。また場合によっては、いくらかの州では一つの実施主体によって合同でSETをおこなうことも認められている。こうした機関が、国家教育テスト局の評価によってSETをおこなえるだけの組織であると認定を受けると、通常3年程度を限度にSETの実施主体として認定される。認定期間終了後にSETの実施主体となるためには、改めて国家教育テスト局の認定を受けることになる。

　第二段階は、UGCによるSETそのものの実施の認定である。具体的には、州はSETの実施主体が認められると、今度は実際にSETの実施主体がSETをおこなう場合、UGCがその都度設置する認定委員会（Accreditation Committee、上記のUGC-CATとは異なる）によって、SETの実施体制や試験内容の評価を受ける。認定委員会にはUGCのメンバーや全国教育テスト局の局長、他州の高等教育関係者が加わる[26]。一方で、SETの実施主体側も、SET実施のために運営委員会（Steering Committee）などを立ち上げる。運営委員会のメンバーには、たとえば大学の副学長や文系理系のそれぞれを代表した大学教授、州政府の代表、またUGC-CATのメンバーが加わる[27]。そして、UGCは認定委員会による報告書に基づき、実施体制や試験内容に問題がなければ最終的な実施を認める。ただし、もしSETの実施主体がUGCによるSETの実施許可を得られなければ、その年の実施は認められなくなり、最悪の場合州は国家教育テスト局による実施主体

の認定も取り消されることになる。

　こうして二段階の認定がおこなわれると、州はSETを実施することができるようになる。SET実施に関しては、州がSETの受験料と州の予算のみで実施することになっており、SET実施に対してUGCからの補助金はない。また、SETの合格資格はNETのような全国的な資格ではないため、SETがおこなわれた州内でしか通用せず、他州では大学教員資格として認められない。SETは2013-14年度までに28州中24州でおこなわれたことがあり、2013-14年度には16州で実施されている。ただし、多くの州ではSETが合同実施となっているため、SETの実施主体は9となっている[28]。なお、2019-20年度も16州で実施され、実施主体も同じく9となっている[29]。

　以上をまとめると、まず大学教員資格試験の実施は、中央の権限となっている。また、UGCは「試験の問題文の言語」と「地方に特徴的な科目」に関わる場合、州によるSETの実施を認めている。ただし、SETがNETと同水準であることを担保する仕組みとして、州がSETを実施するまでに、UGCはSETの実施主体と実施そのものに対して、二段階の認定をおこなっている。

　それでは、UGCが実施するNETと、UGCによる二段階の認定を経て実際に実施されるSETの内容等にはどのような異同があるのか。次項ではNETとSETとの比較検討をおこなう。

第2項　NETとSETの比較

　2019年12月に実施されたNETの実施要項を参考に、①受験資格、②試験形式と内容、③合格基準について確認する[30]。なお、SETとの比較の都合上、2019年に実施された試験を取り上げるが、執筆時点に最も近い2021年6月にも試験は実施されており、内容は基本的に変わらない。また実施主体についてはUGCの監督のもと、2014年から2018年までは中央中等教育委員会（Central Board of Secondary Education、以下CBSEと略）

が実施してきたが、2018年12月の試験から国家試験機関(National Test Agency、以下NTAと略)と呼ばれる新たな機関が実施することとなった。

　まず、①受験資格について整理する。志願者は、試験科目が対象とする(言語学を含む)人文学、社会科学、コンピュータ科学・応用、電子科学などの分野において、UGCによって認証された大学・機関で修士号に関わる試験、あるいは同等の試験で少なくとも55％(前述のUGC規則と同値)獲得しなければならない。ただし、序章で触れた「OBC」や「SC」「ST」「PwD」と呼ばれる各カテゴリーは、この条件が50％となっており、5％の緩和措置がとられている。すなわち、社会的・経済的理由によってより高い学業成績の達成が困難である社会的弱者層が受験しやすいように、また少しでも多くの受験者が合格できるような措置であると捉えることができる。受験者の年齢については上限が設けられていない。ただしNETの場合のみ、大学教員資格試験は「特別研究給付型奨学金制度(Junior Research Fellowship、以下JRFと略)」の試験も兼ねており、こちらの場合は30歳の年齢制限がある。一方で受験料については、「一般(General、つまりOBC・SC・ST・PwDではない人々)」カテゴリーの受験料が1,000ルピーなのに対して、「OBC」と「EWS」はその半分の500ルピー、「SC」「ST」「PwD」に加え、「トランスジェンダー」の者はさらにその半分の250ルピーとなっている。すなわち、社会的弱者層の経済的な負担を少しでも減らすような配慮がなされている。

　次に、②試験形式と内容を整理する。試験は基本的に毎年6月と12月の年二回実施される。解答はすべて多肢選択式(いわゆるマークシート式)であり、試験は「試験Ⅰ(Paper Ⅰ)」「試験Ⅱ(Paper Ⅱ)」の計二つが課される。一つ目は「試験Ⅰ」で、全受験者が共通して受けなければならない。出題内容は受験者の「教育・研究の適性を評価することを目的としたもの」となっている。二つ目は、「試験Ⅱ」で、各受験者の専門分野によって異なる。試験科目は全部で81あり、先に述べた人文学や社会科学などの下位領域から、受験者は自分の専門分野に最も近い試験科目を選択する。「試験Ⅱ」

は対応する専門分野全般からの知識が問われる。各試験の配点、問題数、試験時間は**表３－４**の通りである。なお、2018年12月の試験から、コンピュータを利用した試験(Computer Based Test)に移行されている。

　③合格基準については、試験Ⅰ・Ⅱとも足切り点(cut-off)が存在し、試験Ⅰ・Ⅱそれぞれ40％以上の得点率(試験Ⅰの場合は40/100点以上、試験Ⅱの場合は80/200点以上。ただし「一般」カテゴリー以外は35％以上の得点率)が必要となる。そして、それをクリアした受験者のなかから基本的に上位６％に入っていることが合格となる。

表３－４　NETの配点、問題数、試験時間

試験	配点	問題数	制限時間
Ⅰ	100	50	計３時間
Ⅱ	200	100	

出典：UGC, *National Eligibility Test*を参考に筆者作成。

　次に、NETとSETについて、①受験資格、②試験形式と内容、③合格基準の順に比較検討をおこなう。NETとの比較対象としては、マハーラーシュトラ州のマハーラーシュトラ州資格試験(以下「MH-SET」と略)を取り上げる。その理由としては、2019年６月時点でSETが実施されている州としては最大の高等教育規模(2019-20年度学生数約427万人)であり、インド全体としても１割強(2019-20年度学生数約3,854万人)に上るためである[31]。またSETが実施されていないインド全州を対象としても、現在SETはおこなわれていないウッタル・プラデーシュ州に次いで第２位の高等教育規模を誇り、その代表性を確保していると考えられるからである。ここでは、2019年12月におこなわれたUGC-NET実施要項と、2019年６月におこなわれたMH-SET実施要項に基づいて、比較検討する[32]。

　なお、実施主体については、マハーラーシュトラ州の「高等・科学技術教育および雇用省」が、1994年に州立のプネ大学(University of Pune)を初めてSETの実施主体に申請してUGCに認められ、現在でもプネ大学がお

こなっている[33]。プネ大学にはSETの部局(SET Department)が置かれており、副学長、登記官(Resistor)など大学執行部を含むメンバーで構成される。また試験の実施会場はプネ大学を含めマハーラーシュトラ州、および小規模州であるためUGCによって参加が認められているゴア州の計15の大学で実施され(したがってマハーラーシュトラ州が主導する合同実施となっている)、各会場の大学教員がその責任者を務めている。

　それでは、UGCが実施するNETと、UGCによる二段階の認定を経て実際に実施されるSETの内容等にはどのような異同があるのか。

　まずNETとSETの違いの大前提として、先に言及した「試験の問題文の言語」については、序章でも触れたように連邦の公用語がヒンディー語、また準公用語が英語であることから、NETが英語とヒンディー語が試験問題文の使用言語となっているのに対して、MH-SETは英語と州の公用語であるマラーティー語(Marathi)が試験問題文の使用言語となっている。

　①受験資格から確認する。NETおよびMH-SET志願者は、ともに修士号に関わる試験で55％以上の得点率を獲得しなければならないことになっている。これは先のUGC「2018年規則」において記載されている助教授に採用されるための最低条件に対応している。また年齢制限はない。

　次に②試験形式と内容を整理する。解答はNETおよびMH-SETともにすべて多肢選択式であり、試験はどちらにも「試験Ⅰ」「試験Ⅱ」が課される。一つは教育と研究の適性を問う「試験Ⅰ」、もう一つは各専門分野の専門知識を問う「試験Ⅱ」となっている。ただし「試験Ⅱ」の専門科目については、NETとMH-SETとでは若干異なる。NETの場合、専門科目は人文社会系の81科目であるのに対して、SETの場合は人文社会系科目だけでなく、CSIRが実施する理系科目についても試験をおこなっており、全部で32科目である。MH-SETは文理両科目を扱っているが、UGCは全国の大学で設置されている大学院の科目が反映されているのに対して、MH-SETはマハーラーシュトラ州およびゴア州のみが反映されるため、科目数ではMH-SETの方が少ない。各試験の配点(「試験Ⅰ」は100点満点、

「試験Ⅱ」は200点満点)、各試験時間(「試験Ⅰ」「試験Ⅱ」で計3時間)は同じで
ある。

　最後に③合格基準について確認する。合格基準はNETおよびMH-
SETどちらも「試験Ⅰ」「試験Ⅱ」の各試験に足切り点が設けられており(「試
験Ⅰ」は40/100点、「試験Ⅱ」は80/200点)、それをクリアした受験者のなか
から試験Ⅰ・Ⅱの合計点が上位6％に入っていることが合格となる。2019
年12月におこなわれたNETでは、793,813人が受験し、66,362人(全体
の8.36％)が合格[34]、2019年6月におこなわれたMH-SETは79,879人が
受験し、5,415人(全体の6.78％)が合格となっている[35]。

　以上をまとめると、NETとMH-SETは、SETの実施理由である「試験
の問題文の言語」は当然異なっているが、①受験資格、②試験形式と内容、
③合格基準を比較してみても、どれも基本的に同じ条件であることがわか
る。ただし、NETの場合JRFという奨学金試験を兼ねていること、また
NETとSETとでは専門科目の数という点では異なっている。

　それでは、SETのもう一つの実施理由であった「地方に特徴的な科目」
はどのようになっているのか。次に、「地方に特徴的な科目」としてSET実
施が認められた事例について検討する。

　UGCが州によるSETの実施を認める理由として「地方に特徴的な科目」
を挙げていたが、具体的に「地方に特徴的な科目」とは「地方言語の科目」
のことを指す。すなわち、先の「試験の問題文の言語」はNETで実施され
る各試験の問題文の言語が焦点となっていたが、「地方言語の科目」とは、
地方(州)で使用されている言語の「言語学」のことを指す。

　その一例が、ボド語(Bodo)である。ボド語は、主としてインド北東部の
アッサム州で暮らす「ボド」と呼ばれる先住民部族の固有言語であり、
2001年の国勢調査では、話者数は約135万人となっている[36]。ボド語が
SETに採用されるまでの経緯をたどると、アッサム州は、1985年にボド
語を州公用語として採用した後、1996年には州立ガウハティ大学(Gauhati
University)にボド語とボド文学の大学院を初めて開設した[37]。そして2003

年には、長年のボド語の地位向上を求める政治運動が実を結び、連邦政府によってインド憲法第8附則に付されるインドの主要言語の一つに加えられた[38]。それを契機に同年以降、アッサム州などインド北東部の七つの州が合同でおこなっている北東部州資格試験(North East State Eligibility Test、以下NE-SETと略)において、ボド語が語学の試験科目として認められることになった。その一方で、NETの試験科目としてボド語はおこなわれてこなかった。つまりこの時点でUGCは、先述したように「その専門科目が設置される地域が一部の州などに限られる場合は、それをおこなうことができないこともある」として、ボド語をNETでは実施せず、代わりにSETで実施されることは認めることとした。その後はSETによるボド語科目の継続的な実施や、アッサム州のその他の大学においてもボド語の科目が新設されるなど、ボド語のさらなる普及や地位向上に対する環境整備が進められた。

そしてこうしたボド語の環境整備が進んだことで、2011年UGCは同年6月のNETからボド語科目の試験の実施を決定した。NETにおけるボド語科目の採用は、ボド語コミュニティの念願であり、極めて好意的に受け止められた。その主な理由の一つは、憲法第8附則に加えられたときと同様、ボド語が中央によって主要言語として認知されることであった。すなわち、ボド語がNETに加わることは、それ自体ボド語の保護、普及、地位向上につながると考えられたからである。もう一つは、NETの科目になることによって、中央の奨学金制度であるJRFを利用できるようになったこともそのことが歓迎された理由だった。つまり、JRFに合格すれば、中央から合格者に研究のための奨学金が与えられるため、その結果ボド語の研究がさらに促進されるとみなされたのである。

他方で、ボド語科目がNETに加えられた背景として考えられるのは、ボド語コミュニティ側による積極的な働きかけそのものだけではない。ボド語がインド憲法第8附則に加わり、それに伴って州の大学や学部の新設によってボド語の普及が加速すれば、中央側としてはボド語に関わる学

生や教員の増加も無視できなくなり、また州の事情などによってSETが
実施されないことも想定して、中央自らもNETをおこなうことで積極的
に質保証に参加することが重要になってくる。一方で州側としても、たと
え財政的にSETがおこなえない、あるいはSETの実施を取り消されるよ
うな場合があったとしても、NETに期待することができる。こうした中
央と州双方の事情も、ボド語がNETに加わることを後押ししたと考えら
れる。

　加えて、ボド語と同様の動きとして、2003年に同じく第8附則の主要
言語に加わったサンタル語(Santhali)は、2013年12月のNETに加わった。
サンタル語は、ジャールカンド州、ビハール州、オリッサ州および西ベン
ガル州にかけて生活する「サンタル」と呼ばれる部族の固有言語であり、イ
ンド最大の少数民族語でもある(2001年国勢調査で話者数はおよそ600万
人)[39]。ただしサンタル語が第二公用語にもなっているジャールカンド州
では、そもそもSETがほとんど実施されてこなかった(2019-20年度も実施
されていない)。そのため、ジャールカンド州でもボド語同様に大学や学部
の新設によってサンタル語の普及が進んでいるが、SETが実施されてい
ない以上、中央側としてはサンタル語科目をNETでおこなうことが、教
える教員のみならず、教わる学生の質の確保にとっても重要となると判断
したものと考えられる[40]。

　まとめると、「地方に特徴的な科目」とは「地方言語の科目」のことであり、
たとえばNE-SETではボド語の科目がSETの科目として認められ、実施
されてきた。一方で、「地方言語の科目」はSETのみで実施された後、
NETの科目に加わることとなり、そうした事態は連邦政府による地方の
言語保護や、その言語の研究推進に対するJRFという奨学金制度を通じ
た資金援助といった点でマイノリティ言語のコミュニティから好意的に受
け取られてきた。

　以上のように、大学教員資格制度に関していえば、州の多様性を配慮
しつつも、中央主導で制度が展開されている。

おわりに

　第3章では1990年代以降実施されている大学教員資格に関わる制度の展開について検討した。中央の高等教育の基準の設定という権限のもと、UGCには大学教員の資格に関する規則を定める権限があり、1990年代以降、UGCは大学教員の採用と昇進に関わる規則を設けている。そのなかで、特に2010年代以降は、グローバル化などに対応する形で、大学教員の採用や昇進の条件として、教育だけではなく、研究の業績を重視するようになってきている。なお、中央のさまざまな研究重視の影響もあり、たとえば、文部科学省の科学技術・学術政策研究所がまとめた報告書によると、2017〜19年の「自然科学の研究で多数の研究チームが引用する質の高い論文の数」においてインドが日本を追い抜き（インド9位、日本10位）、少しずつではあるがその成果がみえはじめていることを付け加えておく[41]。

　一方で、インドでは大学教員に採用されるためには、博士号を取得するか、もしくは資格試験の合格が定められており、UGCが中心となってNETと呼ばれる大学教員資格試験を実施している。博士号については、研究の促進のために、大学教員資格としての博士号の位置づけを高めたり、世界トップ大学の博士号を大学教員資格として認めたりするなどの対応をおこなってきた。一方で大学教員資格試験制度については、州の試験（SET）が連邦の試験と同水準であることを担保する仕組みを設けることで、UGCは「試験問題文の言語」や「地方に特徴的な科目」などに関わる州の多様性を配慮し、州独自による試験の実施も認めている。また、連邦政府はこれまでNETにはなかった「地方に特徴的な科目」や「地方言語の科目」を積極的に実施することにより、地方の文化や言語を保護する形で、州の多様性に配慮する動きもみせている。

注

1　Ministry of Education, *ALL INDIA SURVEY ON HIGHER EDUCATION 2019-20.*
（https://www.education.gov.in/sites/upload_files/mhrd/files/statistics-new/aishe_eng.pdf、2021年11月1日最終閲覧）

2　Altbach, P. G., "The Distorted Guru: The College Teacher in Bombay" Agarwal, P. (ed.) *A Half-Century of Indian Higher Education: Essays by Philip G. Altbach*, New Delhi: SAGE Publications, 2012, p.128.

3　Udgaonkar, B. M. "Scientific Research: Autonomous Research Institutions and Universities" Chitnis, S. & Altbach, P. G. (eds.) *Higher Education Reform in India*, New Delhi; SAGE Publications, 1993, p.246.

4　*Ibid.*

5　*Ibid.*

6　National Commission on Teachers- II , *Report of National Commission on Teachers- II 1983-85*, New Delhi: Controller of Publications, 1985, pp.41-54 .

7　以下「1991年規則」の内容については、UGC, *UGC Regulations, 1991 regarding Minimum Qualifications for Appointment of Teachers in Universities and Colleges*（http://www.teindia.nic.in/mhrd/50yrsedu/x/7H/HQ/7HHQ0901.htm、2014年8月30日取得）

8　以下「1998年通知」の内容については、UGC, *UGC Notification on Revision of Pay Scales, Minimum Qualification for Appointment of Teachers in Universities & Colleges and Other Measures for the Maintenance of Standards, 1998*（https://www.ugc.ac.in/oldpdf/regulations/ugc_notificationnew.pdf、2019年3月14日最終閲覧）なお、1998年通知はそのなかで「規則として通知される」とあり、本稿の他の規則と同等の位置づけにある。

9　以下「2010年規則」の内容については、UGC, *UGC Regulations (on Minimum Qualifications for Appointment of Teachers and Other Academic Staff in Universities and Colleges and Measures for the Maintenance of Standards in Higher Education), 2010*（https://www.ugc.ac.in/oldpdf/regulations/revised_finalugcregulationfinal10.pdf、2021年11月1日最終閲覧）

10　以下「2018年規則」の内容については、UGC, *UGC Regulations on Minimum Qualifications for Appointment of Teachers and Other Academic Staff in Universities and Colleges and Measures for the Maintenance of Standards in Higher Education, 2018*（https://www.ugc.ac.in/pdfnews/4033931_UGC-Regulation_min_Qualification_Jul2018.pdf、2021年11月1日最終閲覧）

11　Planning Commission, *Twelfth Five Year Plan (2012-2017) Social Sectors*, New Delhi: SAGE Publications, 2013, p.112.

12　講師から講師(上級)に昇進した場合、給与表が変わり、給料が上がる。

13　夏季に開催される各専門分野の講習会。専門分野の知識や能力を高める目的から、教育と研究どちらにも必要であり、したがってどちらかに片寄ったものかの判断が難しい。

14　"UGC retain Academic Performance Index for Teachers' promotion", *Times of India* (https://timesofindia.indiatimes.com/home/education/news/UGC-retains-Academic-Performance-Index-for-teachers-promotion/articleshow/18923021.cms、2021年11月1日取得)

インドの場合、教員の給与が公的資金で賄われている場合、各職階や経験年数などによって給与が一律に決まっている。

15　NSSはNational Service Scheme、NCCはNational Cadet Corpの略称。前者は若者による社会貢献活動、後者は軍事教練。

16　UGC, *Annual Report 2001-02*, New Delhi: UGC. Ministry of Education, *ALL INDIA SURVEY ON HIGHER EDUCATION 2019-20* (https://www.education.gov.in/sites/upload_files/mhrd/files/statistics-new/aishe_eng.pdf、2021年11月1日最終閲覧)

17　*Ibid.*

18　Planning Commission, *Eleventh Five Year Plan 2007-12: vol.II Social Sector*, New Delhi: Oxford University Press, 2008, p.30.

19　Kumar, G. K. "Case for National Eligibility Test for Teachers" *Economic and political Weekly*, vol.35, no.27, 2000, p.2369.

20　Aggarwal, J. C. *Landmarks in the History of Modern Indian Education (6th edition)*, New Delhi: Vikas Publishing House, 2007, p.474.

21　Seethi, K. M. "UGC's Disincentives for PhD" *Economic and Political Weekly*, vol.35, no.23, 2000, p.1895.

22　*Ibid.*

23　「2006年改定」では哲学修士号(M.Phil.)取得者についても学部レベルのみで教職につくことを認めた。ただしその後の「2009年改定」においてすべての哲学修士号取得者についてはNET合格が再び義務づけられた。

24　「2009年改定」には、「『2009年学位規則』を満たすPh.D.を持つ大学教員希望者は、…NET/SLETで求められる条件を免除する」と記載されている。

25　以下NETとSETの関係については主にConcept of SET/SLET, UGCを参照 (https://www.ugc.ac.in/net/scope.aspx、2021年11月1日最終閲覧)

26　"Eligibility test for JPSC" *Telegraph* (http://www.telegraphindia.com/1060224/asp/jharkhand/story_5887865.asp、

2015年7月7日最終閲覧）

27　STATE LEVEL ELIGIBILITY TEST COMMISSION, N. E. REGION
（http://sletne.org/about.html、2021年11月1日閲覧）

28　UGC, *Annual Report 2013-14*, pp.148-149.

29　UGC, *Annual Report 2019-20*, p.9.

30　University Grants Commission, National Eligibility Test
（https://ntanet.nic.in/NTANETCMS/Handler/FileHandler.ashx?i=File&ii=2＆
iii=Y、2021年11月1日最終閲覧）

31　Ministry of Education, *ALL INDIA SURVEY ON HIGHER EDUCATION
2019-20*
（https://www.education.gov.in/sites/upload_files/mhrd/files/statistics-new/aishe_
eng.pdf、2021年9月17日最終閲覧）

32　UPDATED NOTIFICATION FOR 35th MH-SET FOR ASSISTANT
PROFFESSORSHIP
（https://setexam.unipune.ac.in/SET_2019/Prospectus_2019_setexam.pdf、2021
年11月1日最終閲覧）

33　MH-SETホームページ
（https://setexam.unipune.ac.in、2021年11月1日最終閲覧）

34　UGC, *Annual Report 2019-20*," p.222.

35　"SET 2019 result: Maharashtra and Goa State Eligibility Test results declared",
Times of India
（https://timesofindia.indiatimes.com/home/education/news/set-2019-result-
maharashtra-and-goa-state-eligibility-test-results-to-be-out-today/
articleshow/71534768.cms、2021年8月23日最終閲覧）

36　榎木薗鉄也「インドの言語政策と言語状況」山本忠行、河原俊昭編著『世界の言
語政策：第2集』くろしお出版、2007年、160頁。

37　以下ボド語とSETならびにNETとの関係の話は、
"Bodo now a NET subject" *Telegraph*
（http://www.telegraphindia.com/1110530/jsp/northeast/story_14044966.jsp、
2015年7月3日最終閲覧）

38　榎木薗によると、「ある言語が憲法第8附則指定されると、その言語は公的な認
知を受けることになり、州公用語に加えられる確率が高くなり、その言語を用
いて教育や公務員への就職において配慮されるようになる。よって、未指定の
言語コミュニティは自らの言語を憲法第8附則に指定するために猛烈な政治運
動をするようになった」と言われる（榎木薗、2007年、前掲書、158頁）。

39　榎木薗、2007年、前掲書、160頁。

40　"University push for tribal tongues- UGC query on Santhali teachers,

language department awaits HRD nod" *Telegraph*
(http://www.telegraphindia.com/1130810/jsp/jharkhand/story_17214064.jsp、
2015年7月2日最終閲覧)

41　読売新聞オンライン「「影響力の高い」論文数、日本はインドに抜かれ10位…中国が米抜きトップに」(2021年8月10日)
(https://www.yomiuri.co.jp/kyoiku/kyoiku/news/20210810-OYT1T50138/、
2021年11月1日最終閲覧)

第4章　大学入学者選抜制度の展開

はじめに

　本章ではインドの大学入学者選抜の展開について検討する。インドの高等教育の入学者決定方法は、大きく分けて二つある。一つは、中央レベルや州レベルの各中等教育委員会が実施する第12学年の修了試験（後期中等教育修了試験）で、その結果は大学入学資格にもなる。そして、インドで一般的なコースと呼ばれる教養（Art）、商業（Commerce）、科学（Science）のコースを希望する場合は、主にその試験の点数が選考に用いられる。もう一つは、第12学年修了試験の結果に加えて、いわゆる各専門コース（工学、医学など）の大学等に進学する場合、別の試験が課されるタイプのものである。そこでまずは、第12学年修了試験の動向を検討する。

第1節　第12学年修了試験

第1項　第12学年修了試験の改革動向

　1857年にインドで最初の大学が創設されたが、1859年になると、当時の英国での大学入学試験（matriculation examination）が導入された[1]。これは、1857年にインドで最初の大学（カルカッタ大学、ボンベイ大学、マドラス大学）が創設されたことがきっかけであり、この試験に合格することが大学に入学するための条件であった。当初この試験は大学の管轄だったが、大学による試験が中等教育の自律性に悪影響を与えるとの批判があり、しばら

くして大学と中等教育委員会の共同でおこなわれるようになる。そして1947年に独立すると、その権限は中等教育委員会(Board)に委譲された。

　一般的なコースにおいて、第12学年修了試験に基づく大学進学者の決定という仕組みは現在に至るまで基本的に変化していないものの、中央レベルの諸問委員会などは、試験制度に関してさまざまな改革案を提示してきた。たとえば、1952-53年の中等教育委員会(The Secondary Education Commission)では、当時第12学年修了試験では記述式の試験が採用されていたが、それでは採点の際にどうしても主観的な要素が入ってしまうので、その弊害を取り除くために客観式の試験を導入することなどが提案された[2]。また、1964-66年の教育委員会(The Education Commission)では、第12学年修了試験を各州の中等教育委員会がおこなう試験(外部試験)ではなく、各学校でおこなう試験(内部試験)にし、高等教育に進学を希望する場合にのみ外部試験を受けること(すなわち、第12学年修了試験と大学入学資格を切り離すこと)などが提案された[3]。さらに、1986年の「国家教育政策」では、各州の中等教育委員会がおこなう試験が不均質であるとの認識から、全国の試験の質を一元的に管理する組織(National Evaluation Organization)の設立も提言された。こうした改革案のうち、客観式試験の導入(記述式試験の廃止)などはあったが、多くは実現されなかった。

　一方、2000年に改訂された「ナショナル・カリキュラム・フレームワーク(National Curriculum Framework for School Education)」では、先の1986年の「国家教育政策」同様に、これまで各州の中等教育委員会によって実施されてきた第12学年修了試験の基準が統一されていないことが問題であるとして指摘されている。そして、そうした不一致を解消するために、「試験の基準の統一性を保証したり、州の異なる生徒の成績を比較することができるような全国的な基準を開発したりする、全国レベルの組織を設置する必要がある」[4]と提案した。

　そして2005年に改訂された「ナショナル・カリキュラム・フレームワーク(National Curriculum Framework)」では、まず1993年に受験競争の弊害

を指摘した「負担のない学び(Learning without Burden)」と呼ばれる報告書を引き合いに出し、第12学年修了試験が「過度な不安やストレスを引き起こし、また棒暗記を促すような、教科書中心」[5]であると指摘し、その是正を求めた。そして、「過度な不安やストレス」を軽減するために、たとえば「短い解答の問題の割合をこれまでの25％から40％にまで増やすこと」「多肢選択式の問題を増やすこと」「全受験者の90％が修了できるような試験にすること」「持ち込み式の試験(Open-book Exams)を導入すること」「時間制限を設けないこと」「継続的・総合的評価(Continuous and Comprehensive Evaluation、以下CCEと略)を導入すること」[6]などが提唱された。なお、CCEとは、記録簿などを通じて生徒を継続的に評価する方法である。その目的としては、①教える－学ぶという過程を一体として評価すること、②原因の分析や補習を通じて生徒の成績の改善に評価を用いること、③学習者の成長や学習過程、学習環境について冷静に判断をしたり、それらについて適宜決定を下したりすること、④求められる教育の達成水準を維持すること、⑤自己評価のための機会を提供することなどがあるとされる[7]。

　そうしたなか2006年には、先のナショナル・カリキュラム・フレームワークを出している国立教育研究・訓練審議会(National Council of Educational Research and Training)が、「試験改革(Examination Reforms)」と題した報告書を提出した。この報告書では、第12学年修了試験の「目標は、学習課程の修了を証明すること」であり、「カリキュラムを作成する人々が重要だとみなす学習の範囲を試験し、その修了を証明することを目的としている」とし、中等教育の「出口」試験として位置づけている。一方で、専門的な分野のコースに進学するものに課される試験は、「必要とされるのは専門的なことであり、特定の技量や適性が要求される」として高等教育の「入口」試験と位置づけ、第12学年修了試験の役割との違いについて改めて述べている[8]。また、第12学年修了試験が「暗記中心」であることを批判し、現在の知識社会で求められているのは「暗記中心」の能力ではな

く「問題解決能力(problem-solving skill)」であるが、現行の試験は後者の能力を評価するようにはなっていないと指摘している[9]。さらに、受験の時期を柔軟にするために、第12学年におこなわれている試験を、第11・12学年の2年に分けて(たとえば5科目の試験を第11学年で2科目、第12学年で3科目というように)おこなうことも提言している。こうしたことは、試験が最終学年(第12学年)に集中することで生まれるストレスを減らせるだけでなく、長期的な学習という立場からも役立つとしている。最後に、先の2005年「ナショナル・カリキュラム・フレームワーク」でも指摘されていた新たな評価方法である継続的・総合的評価(CCE)の導入も挙げている。その目的として、「子どものストレスを軽減させるため」「総合的で定期的な評価をするため」「教師が創造的な教育をおこなう余地を与えるため」などを挙げている[10]。

　以上のように、連邦レベルの各委員会などは、独立後さまざまな点において第12学年修了試験の改革案を提示し、後でみるように2000年以降の改革案については、そのいくらかが実施されている。次項ではそれらも含め、第12学年修了試験の内容や実施について整理する。

第2項　第12学年修了試験の概要

　第12学年修了試験は、各州の中等教育委員会が実施しており、その内容についてはいくらか多様性がみられる。そこで、今回は中央レベルのCBSEがおこなう「全インド/デリー上級学校資格試験(All India/Delhi Senior School Certificate Examination)」と、インド南部のケーララ州の中等教育委員会がおこなう「上級中等試験(Higher Secondary Examination)」の二つを例として取り上げる。なお、ケーララ州の試験については、インド国内で第12学年修了試験に先のCCEを導入していることから、その先進例として取り上げる。

　まず、一般的にインドの第12学年修了試験として有名なのが、CBSEが連邦政府の中等教育修了試験(第10学年と第12学年)を管轄する機関と

して実施する「全インド／デリー上級学校資格試験」である。この試験は主に連邦直轄地であるデリーの生徒や、他州も含めた私立学校の生徒などを対象におこなわれている。

　受験資格については、CBSEの試験規則によると現役生の場合、（ⅰ）第10学年修了試験を合格していること、（ⅱ）第12学年修了試験と同等の他の試験に合格していないこと、（ⅲ）学校に実際に関わっていること(on the active rolls of the School)、（ⅳ）教育課程を終了していること、（ⅴ）品行方正であること、（ⅵ）その他すべての規定を満たしていること、とある[11]。また、少なくとも授業の75%に出席していることも条件となっている。

　試験は毎年2月から順におこなわれる(インドでは3月が学年末であり、4・5月の長期休暇をはさんで、6・7月に新学期がはじまる)。試験科目は、職業系の科目まで含めると、全部で144科目ある。たとえば、歴史の試験の場合、配点は、非常に短い解答(Very short answer)の問題が6点、短い解答(Short answer)の問題が24点、長い解答(Long answer)の問題が24点、出典に基づいた(Source based)問題が21点、地図(Map)の読み取り問題が5点の計80点満点となっている[12]。

　合格には、5科目で少なくとも33%の得点率を得ることが条件となっており、合格すると、第12学年の修了資格と同時に大学入学の資格を獲得することができる。なお、少なくとも33%の得点率とは、あくまで大学入学資格としては最低限の評価であり、実際に有名大学などに進学する場合は後でみるように高得点を必要とする。

　次に、ケーララ州でおこなわれている第12学年修了試験「上級中等試験(Higher Secondary Examination)」を取り上げる。2019年の実施要項によると、この試験はCBSEと同様、3月に実施される。一方で、CBSEの試験と大きく異なる点が二つある。

　一つが、試験が二度、すなわち2年に分けておこなわれるということである。ただし、前述の「試験改革」(2006年)での提言とは違い、受験科目のすべての試験を第11学年と第12学年の終わりに2年に分けておこな

い、その合計点数で後期中等教育を修了できるかどうか(そして高等教育に進学できるかどうか)が判定される。

もう一つが、2005年の「ナショナル・カリキュラム・フレームワーク」や翌年の「試験改革」で取り上げられていたCCEが用いられているということである。すなわち、名称はやや異なるが、ケーララ州では継続評価(Continuous Evaluation、以下CEと略)が、第11学年で20点、第12学年で20点の計40点(40/200点)が上限として与えられる[13]。

試験科目は、英語と第二言語が必須であり、その他の科目と合わせて計三つ受験することになる。1年目の試験では、学年末の筆記試験によっておこなわれる学年末評価(Terminal Evaluation、以下TEと略)と、記録簿などによって1年を通じておこなわれるCEの合計が得点となる。2年目では、TEとCEに加え、主に自然科学系の科目や実技を必要とする科目(音楽など)で実技の評価(Practical Evaluation)がなされる。そして、2年の合計が30%以上(60/200点以上)で、後期中等教育の修了資格と高等教育の進学資格があると認められる。ただし、TEだけで最低30%以上を獲得しなければならない。つまり、合計で30%に達していても、TEが30%を切ってしまえば、修了試験に合格できないことになる[14]。

表4−1は、全国の第12学年修了試験の結果(全国平均)を経年的に示したものである。1981年から年々、受験者数と合格者数は増えていることがわかる。一方で、合格率は1981年から2000年頃までは50〜60%台で推移していたものの、2005年から10%程度増加して70%以上になっている(表4−1)。こうした動きは、2005年の「ナショナル・カリキュラム・フレームワーク」での提案、すなわち短答式問題や選択問題などの増加によって、問題が比較的容易になった結果であるといわれている[15]。

また、2010年代は合格率が80%を超え、少なくとも試験に最低限合格すること自体はそれほど難しくないものとなりつつある(表4−1)。一方で、問題が比較的容易になったことは、同時に高得点者の絶対数の増加ももたらしている。

　たとえば、2011年のデリー大学(シュリ・ラム・カレッジ、商業科)の合格最低ボーダーライン(cut-off)では、ついにその数値が初めて100％になったと報じられ、大きな話題となった(2021年にも100％を記録している)[16]。すなわち、満点(100％)でないと合格できない事態が生じたのである。そして、実際にケーララ州では、2011年度の試験で、史上初めて受験した科目すべてで満点を取った学生が生まれることとなった。また、今回の合格最低ボーダーラインの100％に対して、当時の人的資源開発省のK. シバル(K. Sibal)大臣は、そうした結果が「非合理的」であるとして、100％とした同カレッジの対応に苦言を呈することとなった[17]。さらに、タミル・ナードゥ州では、2011年の第12学年修了試験で90％以上の得点率を獲得した生徒が10万人を超え、結果として先のシュリ・ラム・カレッジの入学者の3分の1を占めることになった[18]。

表4－1　1981-2019年における第12学年修了試験の受験者数、合格者数、合格率(全国、現役生)

	受験者数(人)	合格者数(人)	合格率(％)
1981	1,517,388	856,776	56.5
1985	2,487,919	1,294,669	52.0
1990	3,557,486	1,938,106	54.5
1995	4,954,525	2,879,844	58.1
2000	5,746,569	3,427,008	59.6
2005	7,541,729	5,383,899	71.4
2010	9,257,124	7,322,110	79.1
2015	13,248,660	11,052,248	82.5
2019	13,554,777	11,009,785	81.2

出典：MHRD, *Results of High School and Higher Secondary Examinations*を参考に筆者作成。

　近年の試験結果のアンバランスがもたらす弊害も大きくなりつつあるため、どのような対策をおこなっていくのかは連邦政府の重要な検討課題となっている。実際2011年4月、「首相に対する科学的勧告のための審議

会(the Scientific Advisory Council to the Prime Minister)」のラオ(Rao)議長は、「大学入学前にアメリカ型の全国統一試験」、つまりSAT (Scholastic Assessment Test)のような試験を導入することを首相に提言している[19]。

　一方で先に少し触れたように、たとえばアーンドラ・プラデーシュ州では、私立のカレッジの50%の入学定員枠を競売にかけることができるという[20]。つまり、高額の納付金さえ払うことができれば、第12学年修了試験の点数の高低にかかわらず(ただし合格はしていなければならない)、高等教育に進学できてしまうので、こうした場合激しい選抜競争とは無縁となる。

　以上のように、本節では第12学年修了試験の内容や結果について整理した。中央はこれまで第12学年修了試験のさまざまな改革案を提示してきており、実際にケーララ州でのCEの導入や、短答式問題や選択問題などの増加など、そのいくらかについては実現に至っている。一方で、高得点者の増加などによる問題も起きている。

　次節では、工学系大学の共通入学試験の動向について検討する。

第2節　工学系大学共通試験

第1項　歴史的変遷

　まず、改革以前のIIT (インド工科大学)およびNIT (国立工科大学)への入学者選抜について整理する。まず、IITの共通入学試験(Common Entrance Examination)が始まったのは1956年に初めてのIITができた後であり、「1961年工科大学法(Institutes of Technology Act, 1961)」が制定された1961年からである。当時四つのIITには約700人の定員が設けられており、それに対して約15,000人が受験したといわれる[21]。その後は、IITだけでなく、その他の工学系の大学の入学を希望するものには、第12学年修了試験に加え、各機関が個別に試験を課すことが多くなっていった。一方、こうした動向に対して1986年の「国家教育政策」や1992年の「行動計画」

は、入学水準の管理や受験生の負担軽減などを目的として、専門的な分野のコースへ入学するための全国共通の試験をおこなうことを構想した。こうした提言に基づき、2001年1月に連邦政府は、工学系高等教育機関の入学試験を、①IIT入学のための「共通入学試験(Joint Entrance Examination、以下JEEと略)」、②NITを含めた主に国立の工学系大学への入学のための「全インド工学系入学試験(All India Engineering Entrance Examination、以下AIEEEと略)」、③各州レベルの工学系高等教育機関へ入学するための「州レベル工学系入学試験(State Level Engineering Entrance Examination、以下SLEEEと略)」の、計三つ(ただし、SLEEEは州レベルでいくつか存在する)にまとめることを定めた。というのも、政府としては個別におこなわれていた試験を整理することで、入学基準を管理したり、またテスト日の重複を回避することで受験生の肉体的・精神的・経済的負担の軽減ができたりすると考えたからである[22]。こうして2002年からAIEEEが始まり、その翌年にはUGCもこうした流れに合わせて、「2003年(特定の専門職プログラムの入学)暫定規則(UGC (Admission to Specified Professional Programmes) Interim Regulations, 2003)を公表し、工学系の共通入学試験としてAIEEEやSLEEEを改めて定めた。

　それでは、JEE及びAIEEEはどのようにおこなわれてきたのか。JEEについては、2011年の実施要項をみると、受験資格は、第12学年修了試験の特定科目の成績が60%以上であることが条件となっており、また試験科目は、化学、物理、数学の3科目であった。2011年の受験者は全国で約50万人にも上り、当時全国で15あったIITの定員は合計で9,600人(2011年の実際の合格者は13,602人)だったため、その倍率は約50倍にも及んだ[23]。なお、IITにも特定の社会的弱者層を対象とした一定の入学枠が割り当てられる「留保制度」が存在する[24]。

　それに対してAIEEEは、NITやインド情報工科大学(Indian Institute of Information Technology)などの国立工学系大学だけでなく、州立、私立の大学やカレッジなども任意で参加する試験であった。受験資格は、学士(工学)

(B.E./B.Tech)のコースの場合、第12学年修了試験で物理と数学の合格が
必須であり、その他として化学、バイオテクノロジー、コンピュータ科学、
生物学のうち一つ合格することであった[25]。試験科目は、JEE同様に化学、
物理、数学で、2010年は全体で106万5,100人が受験し、この試験の合
格が必要だった教育機関の募集定員は合計で約28,000人であったため、
こちらも難関な試験であったことには変わりがなかった[26]。

第2項　2010年以降の提言

　2000年代には、NITを含めた工学系大学の共通入学試験としてAIEEE
が開始されたが、2010年代に入るとJEEとAIEEEを統合したより大規模
な全国統一型試験の導入が検討されることになる。

　2009年当時、人的資源開発省の大臣だったシバルは、IITの入学者に
は社会的・経済的な背景に偏りがあるとして、塾に通わなければ合格でき
ないJEEではなく学校での評価が重視されること、すなわち、その頃IIT
の受験資格は第12学年修了試験で60％必要だったものを80％まで引き
上げるべきだと発言した[27]。それに対してさまざまな立場から政府による
不当な介入であるとの批判を受け、その結果JEEの内容に干渉する権限
は自分にはないと釈明した。ただし、IITを含めた工学系の試験を検討す
るために、人的資源開発省が翌2010年に諮問委員会を開くと表明した[28]。

　そうした流れのなか、2010年に人的資源開発省は当時IITカラグプル
校の校長であったD. アチャヤ(D. Acharya)を議長とし、その他3校の校
長を交えて、JEEを含めた工学系大学の新たな入学試験に関する諮問をす
るための委員会を立ち上げた(以下アチャヤ委員会と略)。2010年末にアチャ
ヤ委員会は中間報告書を発表し、そのなかで同委員会は、IITを含めた工
学系大学への入学までのプロセスにおいて望まれることとして、以下の六
つの提言をおこなった[29]。具体的には、①一度きりの試験に基づいた合
格者の決定は再考される必要があり、それらが改善される機会が設けら
れるべきである、②現在受験生は第12学年修了試験が終わって数日以内

に平均五つの共通試験を受験しているので、彼らは複数回の共通入学試験(ここではJEEを含む工学系の試験全般)のプレッシャーから解放されるべきである、③塾の影響を最小限にするべきである、④都市と地方との間の偏りや、性別間での偏りを取り除く、あるいは少なくともそれらの偏りを最小限にするべきである、⑤客観式の試験(多肢選択式の解答による試験)は塾からの影響を過度に受けやすいので、長文の問題解決型の問題であった従来の筆記試験を、合理的な範囲内ですべての共通入学試験においてある程度復活させるべきである、⑥共通入学試験、特にJEEは、塾に巨額の利益をもたらし、望ましいとはいえない結果を招いてきたので、その是正をおこなうべきである、とした。上の内容を補足すると、①は、工学系の入学試験だけでなく、第12学年修了試験を含めた複数の評価を導入すべきであることを示唆している。②は、たとえばJEEとAIEEEだけをとっても別の日におこなわれているので、受験生の負担軽減のために複数の試験を統合した試験を設けるべきであることを示している。③は、IITをはじめ、難関大学の受験生の多くは塾通いが通例となっており、それが合格を大きく左右するため、そうではない形で入学できるような仕組みを設けるべきである、という指摘である。④は、①や③とも関係するが、塾に通える都市部の富裕層にはさまざまな機会が多いが、そうではない境遇の人々でも合格できるような仕組み(①でいえば学校でのパフォーマンスを評価すべき)を考えるべきであることを示している。⑤は多肢選択式の解答だと受験テクニックが合格に大きく作用するといわれているため、以前おこなわれていた筆記試験を改めて導入することを推奨している[30]。最後に⑥は、やはり③④⑤と関連しているが、塾がさまざまな弊害をもたらしているので、それを最小限に抑えるべきであることを求めている。

　続いて、翌2011年に人的資源開発省は、科学技術省(Ministry of Science and Technology)の長官も務めたT. ラマサミ(T. Ramasami)を議長とし、改めて工学系大学の入学試験についての諮問委員会を設けた(以下ラマサミ委員会と略)。ラマサミ委員会は、アチャヤ委員会の諮問を引き継ぐ形で、JEE

を含めた工学試験について以下の6点を答申した[31]。新たな試験は、①受験準備や競争心より、むしろ学習者の能力(ability)[32]を評価すべきである、②(試験は)学習者の潜在的な可能性を発掘するべきである、③都市と地方の格差をなくすためにも、多様な地域や、さまざまな収入の家庭出身の人々が合格するようなシステムにすべきである、④より高度な研究を推進するために、教員の負担を軽減するべきである、⑤包括的なモデルを工学系の入学試験に取り入れる、⑥国家の「多様性における統一(unity in diversity)」の原則を保つ機会を提供すべきである。ここでも上の内容を少し補足すると、④は入試の作成や評価は多大な労力がかかり、それらが教員の研究を阻害しているとし、その負担を少なくするような試験の仕組みを導入すべきであるというものである。⑤⑥は、各機関の多様性を確保しつつも、より統一した試験制度を導入すべきであることを示している。そして、ラマサミ委員会は上記の内容に基づき、「入学までのプロセスのなかに、第12学年修了試験が考慮されるべきである。またその点数は標準化(normalization)されて用いられるべきである」こと、ならびに新たな試験は「二つの部分に分かれ、一つは適性、もう一つは応用、というコンセプトをもった全国レベルの選抜試験となるべきである」、という2点を提案した[33]。

そして、人的資源開発相のカピルも、「一国、一試験(one nation, one test)」を掲げ、①受験生の負担(複数試験を受験)、②学校教育の軽視、③無試験入学などの受け入れがたい慣行(一部の機関では入学試験をおこなわず、第12学年修了試験の点数のみで学生の入学を認めていること)などを挙げ、改めて共通試験の実施を訴えた[34]。

さらに1年後、2012年5月に開かれた第44回IIT協議会[35]では、こうした諮問委員会の提言に基づき、JEEおよびAIEEEを含めた新たな試験の導入が検討され、その内容を公表した[36]。協議会の内容は、まずJEEとAIEEEを一本化し、以下(a)から(g)のようにするとした。(a) JEE (Main)及びJEE (Advanced)という二つの試験が同じ日に実施される、(b) IITの

入学にあたっては、まず標準化された第12学年修了試験の成績と、JEE
(Main)の成績がそれぞれ50％（1:1）の比重で計算され、その合計で定員
の5倍の人数(上位5万人)がその次の選考に移る、(c) そのなかから、IIT
の場合はJEE (Advanced)の成績のみで入学が決定する、(d) NITを含めた
連邦政府が資金を支出する他の工学系大学は、標準化された第12学年修
了試験が40％、JEE (Main)が30％、JEE (Advanced)が30％の割合で合格
判定する、(e) 各州が新試験を利用する場合、第12学年修了試験、JEE
(Main)、JEE (Advanced)の比重は自由に決められる、(f) JEE (Main)及び
JEE (Advanced)は、ともに客観式で多肢選択式とする、(g) 試験の内容な
どに関しては、IIT側が管理する一方で、試験の運営はCBSEが担当する。
(a)は、先のアチャヤ委員会でも取り上げられたように、複数回の試験を
何日もかけて受験しなくてもよいように、試験を統一することによって1
日で終われるような配慮であると考えられる。また、(a) (b) (c)の決定は、
アチャヤ委員会およびラマサミ委員会で強調されてきた第12学年修了試
験の重視を表している。すなわち、IITとしてはこれまで約50年間続けて
きたJEEという単独試験を取りやめることを意味するのである。(d)も、
これまで受験資格でしかなかった第12学年修了試験の成績をより重視す
ることを意味している。

　以上のように、JEE改革案の流れを整理したが、シバル元人的資源開発
相の発言から第44回IIT協議会の決定に至るまでにおいて、JEE改革の
中心課題は以下の3点にまとめることができる。第一にIIT-JEEとAIEEE
を統合すること、第二に工学系大学の選抜において第12学年修了試験を
重視すること、そして第三に第12学年修了試験を選抜に用いる際、その
点数を標準化することである。

第3項　JEE改革案をめぐる対立

　IITカーンプル校(IIT-Kanpur)の評議会は、IIT協議会の決定が「1961年
工科大学法」やIITカーンプル校の条例(Ordinance)に反するとして、強く

反対した[37]。具体的には、「1961年工科大学法」の第28条に各校が条例を定める権利が定められており、そのなかには、(a) 大学への学生の入学(admission)が含まれていること[38]、またそれに従ってIITカーンプル校が設けた条例の第3条2項には、「入学」と題して「インド国民が工学のプログラムへ入学する場合、すべてのIITによって年に一度合同で実施されるJEEに基づいておこなわれる」と定めているからであった。加えて、IITカーンプル校は、もしIIT協議会での決定が無効にならなければ、2013年からはIIT協議会が決定した新たなJEEには従わず、独自に入学試験をおこなうと発表した[39]。

　また、IITカーンプル校に続き、IITデリー校(IIT-Delhi)のOBで結成されている同窓会は、もし第12学年修了試験の成績を重視し、JEEを軽視すれば、入学者の質が低下すると懸念し、カーンプル校同様にIIT協議会の決定に強く反対の意思を表明した。それに続くようにIITデリー校の評議会も、カーンプル校同様にIIT協議会の決定に反発し、同じく独自に試験をおこなうとした[40]。

　さらに、全IITの教員で形成される「全インドIIT教員連合(All India IIT Faculty Federation)」も、IITの学問の卓越性と自由(大学の自律性)を守るとし、同じくIIT協議会の決定を厳しく批判した[41]。

　こうした結果、JEE改革をめぐり、大きな混乱に陥ることになった。そして、事態を収拾するため、当時の首相であったM. シン(M. Singh)は、IITの自律性が損なわれないことを約束した[42]。また、今回のJEE改革の推進者の一人であり、人的資源開発省の大臣であったシバルも、混乱の収拾を図るため、改めてIIT協議会を開催することを決定した[43]。

　その結果、2012年7月に開かれた第45回IIT協議会では、まずJEE (Advanced)は、JEE (Main)後に適切な間隔を開けておこなうことを発表した[44]。すなわち、前回のIIT協議会の決定では、JEE (Main)とJEE (Advanced)を統合し、比重は異なるものの、NITなどに進学を希望する場合でも両試験を受ける必要があったが、今回はJEE (Main)とJEE (Advanced)を別の

ものにするとした。そして、IITの入学は、第12学年修了試験の実施機関ごとの順位において上位20%のうちから、JEE (Advanced)の順位のみで決まるとした。つまり、第12学年修了試験の重視ではあるが、第44回協議会での決定ほどは重視しないという新たな決定を発表したのであった。

その後、IITカーンプル校をはじめとし、すべてのIITは第45回協議会の提案を受け入れ、新たなJEEをめぐるIIT協議会とIITの対立は収束を迎えることとなった。一方で、NITの方では、NITの協議会で新たなJEEの導入が検討され、特に反発はみられないままその受け入れを表明した[45]。そして、2013年からは、JEE (Main)とJEE (Advanced)という新しい試験が開始されることとなった。

それでは、2013年から実施されているJEE (Main)とJEE (Advanced)とはどのような試験なのか。次項では、2021年の各試験の実施要項を整理することで、この二つの試験について詳しくみていく。

第4項　新JEEの実施

まず、JEE (Main)について、2021年の実施要項をもとに、実施機関、受験資格、試験内容、選考基準の順に整理する[46]。

実施機関は、2018年の試験まではCBSEであったが、2019年からおこなわれる試験については、NET同様にNTAが実施することになっている。

受験資格としては、JEE (Main)の選考基準にも用いられる第12学年修了試験の合格が必要となる。

試験内容としては、JEE (Main)が必要となる工学系の大学において「試験1 (Paper 1)」はB.E.もしくはB.Tech.のコースを希望する受験者向けで、物理、化学、数学の3科目の試験、「試験2A (Paper 2A)」と「試験2B (Paper 2B)」はそれぞれ学士(建築学) (B.Arch.)と学士(計画学) (B.Planing.)のコースを希望する学生向けで、数学、適性試験(Aptitude Test)、作画試験(Drawing Test)の3科目の試験が課される。これまで試験は年1度しかおこなわれてこなかったが、2021年から、2、3、4、5月の年4回試験がおこな

われている。NTAによると、新型コロナウイルスの影響もあるが、2021年からこれまで一発勝負だった試験が年4回のうち何回でも受けられ、自分が最も成績の良かった試験の結果を利用できるようになり、受験生にとってはメリットが大きいとしている[47]。B.E. もしくはB.Tech.のコース向けの数学、物理、化学の試験(Paper 1)、B.Arch.のコース向けの数学、適性試験、作画試験(Paper 2A)、B.Planning.のコース向けの数学、適性試験、プランニングに基づいた問題(Paper 2B)がある。試験時間はいずれも3時間である。なお、「作図試験」のみ筆記試験であり、その他は多肢選択式の解答と正しい数字を入力するものである。また、試験言語は、「2020年NEP」が言語の多様性を強調していることから、これまで基本的に英語とヒンディー語のみであった試験の使用言語が、全州で英語、ヒンディー語、ウルドゥー語が適用されるほか、各該当の州でアッサム語、ベンガル語、グジャラート語、カンナダ語、マラーティー語、マラヤム語、パンジャーブ語、タミル語、テルグ語が選択できるようになった[48]。毎年およそ100万人が試験に臨むが、2021年の試験では4回の試験に計93万8人が受験し、4回すべての試験に25万2,954人が受験した[49]。

選考基準として、特に上位校のNIT、インド情報技術大学などの入学については、各中等教育委員会が実施する第12学年修了試験(物理、化学、数学などは必須)の成績で最低75%獲得するか、もしくは各中等教育委員会のなかで上位20パーセンタイル(percentile)に入ることが第一の条件となっている。そのうえで、JEE(Main)の成績で順位づけがされ、順位の高いものから希望校に合格するシステムになっている。

28州のうち、少なくともグジャラート州、マディヤ・プラデーシュ州、マハーラーシュトラ州、オリッサ州、パンジャーブ州(州立大学1校)、シッキム州、タミル・ナードゥ州、ウッタラカンド州の8州、ならびにデリー(州立大学2校)、チャンディーガルの二つの連邦直轄地が自州の工学系大学やカレッジの入学試験としてJEE(Main)を採用している(2016年1月時点)[50]。一方で、JEE(Main)を採用していないアーンドラ・プラデーシュ州、

アルーチャル・プラデーシュ州、アッサム州、ビハール州、チャッティス
ガル州、ゴア州、ハリヤーナ州、ヒマーチャル・プラデーシュ州、ジャー
ルカンド州、カルナータカ州、ケーララ州、テランガーナ州、トリプラ州、
ウッタル・プラデーシュ州、西ベンガル州の15州では、州独自で自州の
工学系大学などの入学試験としてSLEEEを実施している。また上記以外
の5州では、各工学系大学などが独自に入学試験をおこなっているか、
あるいは第12学年修了試験の成績のみで入学を認めているとみられる。

　次に、主としてIITへの入学試験であるJEE（Advanced）について、実施
機関、受験資格、試験内容、選考基準の順に整理する[51]。

　実施機関としては、各IITが1年ごとにその担当を交代しておこなって
いる[52]。なお、2021年はIITカラグプル校が担当校となっている。

　受験資格は、五つの条件をクリアしている必要がある。一つ目に、JEE
（Main）で上位25万人以内に入ることとなっている。ただし、優遇措置の
ため、**表4－2**のようにその25万人が各カテゴリーに対して振り分けら
れている。二つ目に、年齢制限として、2021年の試験では1996年10月
1日生まれ以降でなければ受験できない。三つ目に、2年連続で受験す
る場合、2回までしか受験できない。四つ目に、原則的に2020年もしく
は2021年の第12学年修了試験で、物理、化学、数学を受験していなけ
ればならない。五つ目に、これまでにIITへの入学を取り消された受験者は、
受験することができない。

　試験内容は、「試験1（Paper 1）」「試験2（Paper 2）」の二つの試験がそ
れぞれ午前・午後に3時間おこなわれ、どちらも受験しなければならな
い。また、どちらの試験も物理、化学、数学の3科目で構成され、多肢
選択式の解答であり、試験言語は英語とヒンディー語の二つのみである。
ただし、B.Arch.のコースに入学するためには、別日に適性試験（Architecture
Aptitude Test）を受験する必要があり、試験は3時間、英語のみである。

　選考基準については、JEE（Main）で上位25万人のなかから、各中等教
育委員会が実施する第12学年修了試験の5科目（物理、化学、数学、言語、

表４－２　受験資格に関する上位25万人の各カテゴリーとその人数の内訳

カテゴリー	人数	
OPEN	96,187	101,250
OPEN-PwD	5,063	
GEN-EWS	23,750	25,000
GEN-EWS	1,250	
GEN-EWS-PwD	64,125	67,500
OBC-NCL	3,375	
OBC-NCL-PwD	35,625	37,500
SC	1,875	
SC-PwD	17,812	18,750
ST	938	

出典：JEE (Advanced) 2021 Information Brochureをもとに筆者作成。

その他)で合格することが第一の条件となっている。そして、その条件を
クリアしていれば、あとはJEE (Advanced)の合計点のみによって合否が決
定される。2021年のJEE (Advanced)では、141,699人が受験し、41,862
人がIITへの入学資格を得た[53]。ただし、先にIITの入学定員が約１万人
であることに触れたが、IITへの入学資格者が定員の約４倍もいる理由と
して、入学資格を得たからといって必ずしもIITに入学しない(海外留学な
ど)、あるいは、留保枠が埋まらなかった場合に、一般受験者の入学資格
者のなかから定員を埋める措置をすることが挙げられる。とはいえ、有資
格者のなかの成績上位者から優先的に決まっていくので、定員がある程
度埋まった場合は、有資格者であっても、もちろんIITには入学できない。
なお、ある一定の点数(たとえば、留保枠以外の一般受験者の場合、各科目10
％以上、合計点35％以上)を獲得すれば、その条件をクリアした受験者のラ
ンクづけがされることになっている。
　以上のように、本節では主として2010年以降のJEE改革について検討
してきた。まず、2010年以降人的資源開発省は、JEEを諮問するための
委員会を設置し、IIT-JEEを含めた工学系大学のさらなる統一や、第12

学年修了試験の重視など、さまざまな角度から抜本的な改革を求めてきた。そして、2012年に開かれた第44回IIT協議会では、それらの提言に基づいた形で、新たな試験制度の実施を決定した。しかし、一部のIITやその関係者の強い反対によって、その内容はいくらか修正され、その結果、2013年からはNITをはじめとする国立工学系大学や、州立・私立大学、また工学系カレッジのためのJEE（Main）と、IITが実施するJEE（Advanced）が実施されることとなった。

　次節では、工学系大学の入試改革と同時期に実施された医学系大学の入試改革について検討する。

第3節　医学系大学共通試験

第1項　全国統一型試験の導入をめぐる議論

　工学系同様、医学系の大学についても、全国的な統一入学試験である「全インド医学系事前試験（All India Pre Medical Test、以下AIPMTと略）」が実施されてきた。先述したように、1986年の「国家教育政策」は、入学水準の管理や受験生の負担軽減などを目的として、専門的な分野のコースへ入学するための全国共通の試験をおこなうことを構想していたが、医学系のAIPMTの場合、早くも1988年から始まった[54]。

　AIPMTとはどのような試験であったのか。2015年の実施要項をもとに、実施機関、受験資格、試験内容、選考基準について確認する[55]。

　実施機関はCBSEであり、2015年は5月に実施された。

　受験資格は、第12学年修了試験で、物理、化学、生物/生物工学、英語の4科目で最低50%を獲得する必要がある。

　試験内容は、物理、化学、生物学（植物学と動物学）の3科目から多肢選択式の180問の問題が出題され、時間は3時間である。問題文は英語とヒンディー語のみである。

　選考基準は、各試験の合計点で競われる。なお、国立の機関には、SC、

ST、OBCにそれぞれ15％、7.5％、27％の留保枠が設けられている。

　一方で、AIPMTは、かつての工学系の共通試験であったAIEEEのように、国立だけでなく、州立の機関なども任意で参加する試験であった。しかし、AIPMTは基本的に国立の機関を対象とし、各州はそれぞれ州レベルの統一試験を実施し、また私立の機関も個別に試験をおこなってきた。

　こうした状況において、医学系の大学の入学者選抜制度についても、工学系の大学同様、中央による入学試験改革の流れが2010年代以降活発になっていった。そのきっかけとなったのが、2010年にインド医学審議会（Medical Council of India、以下MCIと略）」が公表した「ビジョン2015（Vision 2015）」と呼ばれる報告書である。MCIは、インドの医学教育を管理する中央レベルの機関である。この報告書は、医学教育全般に関するさまざまな改革を提言し、そのなかで大学者入学者選抜制度については、①全国的な統一性の確保、②最低基準の設定、③受験者の利便性、④省資源、⑤不正行為への対処、を求めた[56]。

　そして翌2011年にMCIは、2013年からAIPMTを取りやめ、その代わりに全国資格・入学試験（National Eligibility and Entrance Test、以下NEETと略）を新たに導入するとした。この試験の最大の特徴は、これまで独自に試験をおこなってきた州や私立の個別機関も含めたすべての医学系の機関を対象とした全国統一型試験の実施であった。すなわち、工学系のJEE（Main）の場合は州レベルの試験を依然として認めるものであったが、医学系のNEETの場合はそれを認めず、医学系の高等教育機関に進学を希望する生徒は必ず受験しなければならない全国試験として構想されたのである。

　一方で、これまでさまざまな理由で独自に試験を実施してきた州や個別機関は、NEETの導入に強く反対し、その結果裁判にまで発展した[57]。そして、NEETの実施に関して2013年7月に最高裁の判決があり、中央には統一入試をおこなうだけの法的根拠が不足しているとして、当初中央側は敗訴した[58]。しかし、その後2013年の判決が最高裁の判断によって

審理不十分とされ、2016年4月に改めて最高裁の判決が出された[59]。この判決では、まず前提として、これまで州が独自に医学系の入試を実施するのは、カレッジの自律性を侵害していないことが確認された。そのうえで、たとえ中央が統一入試をおこなったとしても、同じように州の自律性を侵害していないとした。すなわち、たとえ中央が統一入試をおこなったとしても、各州の独自の統一入試を禁じているわけではないので、中央が統一入試をおこなったとしても問題ないと判断した。しかし、中央と州が同様の試験を2度おこなうことにあまり意味はなく、むしろ受験生や州の負担とコストを増やすだけであり、現実的ではない。そして、中央はNEETを実施するための法的根拠は満たしているとして中央側の勝訴が確定し、NEETは2016年から正式に開始されることとなった[60]。

　このように、医学系という限定はあるが、インドで初めてすべての州を巻き込む全国統一の入学試験が始まった。しかし、NEETの実施に依然として強く反対している州も存在し、実際にタミル・ナードゥ州は2021年にNEETからの離脱を表明し、全国に大きな衝撃を与えた。

　実はタミル・ナードゥ州がNEETからの離脱を表明したのにはいくつかの理由がある。まず、タミル・ナードゥ州は第12学年修了試験の成績のみで医学系の入学者選抜をしていたにもかかわらず、それに加えて中央からNEETを強制されたというのがその理由の一つある。具体的には、タミル・ナードゥ州でも1984年から2006年まで工学系と医学系の高等教育機関の入学に必要な共通入学試験(Common Entrance Examination)を独自におこなってきたが、その後共通入学試験を廃止したという経緯がある。というのも、2006年に州が共通入学試験に関する検証委員会を設けた際、共通入学試験が社会的、経済的に弱い立場にある生徒に不利で、塾に通うことができる都市部の生徒に有利であることが明らかになったからであった[61]。JEEに関してもそうだったが、各専門分野のさまざまな入学試験ではその対策のために多額の費用を払って塾に通っていることが合格に大きく影響を及ぼしており、その結果塾に通えない多くの地方出身者が

不利であるということが試験の「公平性」「公正性」という点でインドでは長年問題となってきた。そして、塾などに通うことができない農村部や小都市の生徒でも医学系の高等教育機関に入学できる機会を広げるために、州独自の共通入学試験を廃止し、2007年からは第12学年修了試験のみに基づいた入学者選抜に移行した。にもかかわらず、今度は中央が同様の試験をすべての州に対して強制したため、タミル・ナードゥ州はNEETに反対の立場を示してきたのである。M. K. スターリン州首相(M. K. Stalin)も「資格試験(※第12学年修了試験)に基づく入学は、後期中等教育のシラバスが十分な水準にあるので、水準が低いということはあり得ない」とNEETからの離脱の正当性を主張している[62]。

　また、2017年に起きたタミル・ナードゥ州出身の17歳の女子生徒の自殺も、タミル・ナードゥ州がNEETからの離脱を表明した大きな理由の一つになっている。具体的には、その女子生徒は、2017年のタミル・ナードゥ州の第12学年修了試験で98％の得点率(1200満点中1176点)を獲得したものの(この成績ならば、NEET実施前であれば医学部に合格していた)、NEETの成績が振るわず医学部に合格することができなかったことを苦にし自殺を図ってしまった[63]。そして、先の検証委員会で問題となったように、彼女もまた貧しい地方出身の家庭で塾に通うことができなかった。その結果、この事態がメディアで大々的に報道されると、NEETに対する反対や、州政府にNEETからの離脱を促したりするデモが起こるなど、その影響は全国にも及んだ。その後も自殺者が相次ぎ、州としては改めてNEETから離脱する決意を強めていった。

　さらに、2021年6月に裁判官のA. K. ラジャン(A.K.Rajan)を議長とするNEETに関する検証委員会(以下ラジャン委員会と略)が州政府によって立ち上げられ、その検証結果がNEET離脱の決定打となった。ラジャン委員会は、NEET実施前と実施後で州の教育状況にどのような変化があったのかなどを示すデータを集め、2021年7月にはM. K. スターリン州首相にその報告書を提出した[64]。ラジャン委員会の報告書では、先の女子生

徒の自殺にも言及しているが、そのほかに、たとえば医学部の合格者のうち、年間所得が25万ルピー以上の家庭出身者はNEET実施前の2016-17年度で約52％であったものの、NEET実施後の2020-21年度では59％までに増加し、医学部の合格のために恵まれない家庭出身者がより不利になっているという調査結果を示した(なお、2018-19年度ではその割合は67％だった)[65]。また、NEET実施前の2016-17年度における医学部をもつ州立の高等教育機関の定員2,406人のうち、地方出身の合格者は1,568人(約65％)であったのに対して、都市部出身の合格者は838人(35％)であった。しかし、NEET実施後の2020-21年度における医学部をもつ州立の高等教育機関の定員2,941人のうち、地方出身の合格者が1,468人(50％)であったのに対して、都市部出身の合格者が1,473人(50％)であり、地方出身者の割合が大幅に減ったことが判明した[66]。同様の傾向は、医学部をもつ州立の高等教育機関だけでなく、私立の高等教育機関でも起きていた。すなわち、医学部をもつ私立の高等教育機関に入学する都市部出身者の数が大幅に増加した(逆にいえば、地方出身者の数が大幅に減少した)ということである。さらに、NEET実施前の2016-17年度における州内のすべての医学部の定員3,608人のうち、州の教育委員会(Board)に加盟する学校出身の合格者が3,544人(約98％)であったのに対して、CBSEに加盟する学校出身の合格者はわずか35人(約1％)であった。すなわち、医学部の合格のためには第12学年修了試験の結果のみでよかったこと、またタミル・ナードゥ州の教育委員会では州の公用語であるタミル語でのカリキュラムも提供していたことなどから、州内の若者はわざわざ中央が運営し英語のカリキュラムであるCBSEの学校に入学する必要もなかった。しかし、NEET実施後の2020-21年度において州内の医学部の定員4,129人のうち、州の教育委員会に加盟する学校出身の合格者が2,453人(約59％)であったのに対して、CBSEに加盟する学校出身の合格者は1,604人(約39％)にまで増加した[67]。この変化は、NEETの試験問題が州の教育委員会のカリキュラムではなく、CBSEのカリキュラムに基づいていることが

大きな要因であった。

　改めてこれらのデータが意味することは、2016年のNEET実施以降タ
ミル・ナードゥ州では、中間層以上の都市部のCBSEに加盟する私立学校
出身者の医学部合格が多くなったということである。逆にいえば、中間層
以下の地方の州の教育委員会に加盟する公立学校出身者の医学部合格が
少なくなったという事実である。つまり、この報告書で判明したのは、
NEET実施で起きていることが、まさに2006年に州独自の共通入学試験
を廃止した理由、すなわち「塾などに通うことができない農村部や小都市
の生徒でも医学系の高等教育機関に入学できる機会を広げるために、州
独自の共通入学試験を廃止し、2007年からはそもそも第12学年修了試験
のみに基づいた入学者選抜に移行した」ことに逆行しているという事実
だった。こうしたことから、州政府は2021年6月、医学部の定員の85%
は州の教育委員会に加盟する学校出身者向けに設けるという決定を下し
た。

　そしてこの報告書に基づき、2021年9月にはタミル・ナードゥ州議会
で、タミル・ナードゥ州がNEETから離脱する、すなわちタミル・ナードゥ
州内では以前のように第12学年修了試験の結果のみで医学部に入学でき
るとする法案が可決された（「2021年タミル・ナードゥ州の医学部への入学許
可に関する法（Tamil Nadu Admission to UnderGuraduate Medical Degree Courses
Act 2021）」）。M.K.スターリン州首相は法案成立前のコメントとして、「医
学系教育コースへの入学は、憲法第7附則第Ⅲ表（共通管轄事項）第25条
に基づくものである。それゆえに、州政府は同様のことを規制する権限が
ある。だから、法案を提出している」と述べており、あくまで入学者選抜
は州にも権限があることを強調した[68]。また、タミル・ナードゥ州の与党
であるドラヴィダ進歩同盟は、現在の憲法第7附則第Ⅲ表（共通管轄事項）
第25項の教育（に関する立法）の権限を、再び州管轄事項に戻すことを次の
連邦議会選挙の公約とすると述べている[69]。その後この流れを受けて、M.
K.スターリン州首相は、アーンドラ・プラデーシュ州、チャッティグハ州、

ジャールカント州、デリー準州、ケーララ州、マハーラーシュトラ州、オリッサ州、パンジャーブ州、ラジャスターン州、テランガーナ州、西ベンガル州、ゴア州の計12州に対して、NEET そのものの廃止や、州の権限の回復(共通管轄事項第25項が以前のように州管轄事項に戻ること)への協力を求めている[70]。そして、このタミル・ナードゥ州の動きに合わせ、マハーラーシュトラ州でも NEET が同州に与える影響を検証しようとする動きが出ている[71]。

　こうした事態に対して、2021年10月末時点で連邦政府は静観の構えだが、一方でこのタミル・ナードゥ州の NEET 離脱に対して、インドの R. N. コビント大統領(R. N.Kovind)が支持を表明しているといわれている。なお、2006年に州独自の共通入学試験を廃止した際も、その理由から当時の大統領の支持を得ている。序章でも少し触れたように、インドにおいて大統領は名目的な長であるものの、非常事態の際に州の権限を剥奪し直接統治できるなど、むしろ中央集権的な連邦制の象徴の一つとして捉えられることも多い。また、R. N. コビント大統領はインド人民党出身のため、現政権であるインド人民党が進めてきた NEET に賛成の立場であってもおかしくない。しかし、今回のように大統領が中央と州との間に入り、州の行動に一定の理解を示すことで、事態の収拾を図ろうとする場合もある。実際に、インドでは全州で動物を用いたパフォーマンスが中央の法律で禁止されているが、2017年にタミル・ナードゥ州が州法の改正をおこない、同州に限り伝統的な牛の祭典「ジャリカットゥ (Jallikattu)」が大統領の支持で認められた経緯がある[72]。加えて、R. N. コビント大統領はインドのカースト制の最下層であるいわゆるダリット(Dalit)出身であるが、先の自殺した女子生徒も同じくダリット出身であり[73]、同大統領がダリットの境遇改善を目指していることから、特に今回の事態の支持につながった可能性も高い。したがって、中央によってすべての州に強制される制度であったとしても、インドではその事情によって、例外が認められるケースがあるのである。

　以上のように、本節では医学系における全国統一型試験の導入をめぐる議論について検討した。その結果、一部の州から強い反対があったものの、2016年以降中央は医学系の全国統一型試験であるNEETを開始した。しかし、特にタミル・ナードゥ州では、NEETの「公平性」「公正性」という観点から、2021年にNEETからの離脱を表明している。なお、タミル・ナードゥ州でNEET自体は実施されている。

第2項　NEETの概要

　最後に、NEETについて2021年に実施されたNEETの実施要項をもとに、実施機関、受験資格、試験内容、選考基準の順に整理する[74]。

　実施機関については、2018年の試験まではCBSEであったが、2019年からの試験については、NETやJEE (Main)同様にNTAが実施することになっている。

　受験資格については、まず受験時に17歳以上25歳以下であること、12学年修了試験で、物理、化学、生物/生物工学、英語の4科目でそれぞれ最低50%の得点率を獲得している必要がある。

　試験内容については、物理、化学、植物学、動物学で、各50問で180点満点、4科目で計720点満点となっている。また、試験時間は4科目を通じて3時間である。問題文は、英語、ヒンディー語の他、アッサム語、ベンガル語、グジャラート語、マラヤム語、カンナダ語、マラーティー語、オリヤー語、タミル語、テルグ語、ウルドゥー語、パンジャーブ語の計13言語が採用されており、解答は多肢選択式となっている。問題文の言語に関しては、これまでAIPMTは英語とヒンディー語のみであったが、NEET では完全な全国統一となるため多言語を採用することとなり、2019年には11言語だったが、JEEと同じく2021年からは13言語となっている。なお、NEETでもどの使用言語が認められるかは、多言語国家であるインドでは非常に重要な問題であった。たとえば、多くのイスラーム教徒が使用するウルドゥー語を試験言語として認めるかどうか議論が

あったが、試験実施当初はウルドゥー語を問題文の言語として認めなかった[75]。それにより、イスラーム教団体からの猛抗議があり、注目を集める大きな問題となった。そこで最高裁はその仲裁に入り、結果2018年のNEETからのウルドゥー語の採用を命じた[76]。

　選考基準については、試験終了後に採点され、合計点が全受験者の50パーセンタイル以内に入れば、それが成績順にリストアップされ、医学系の大学に入学する(面接を受ける)資格を得ることができる。2020年の試験では、約136万人が受験し、約77万人が資格を得た[77]。ただし、医学系の大学の定員も限られており、資格を得たからといって必ずしも入学できるわけではない(参考：「医学学士コース(MBBS)」の定員は全国で63,985人)。あくまで最低限の資格に過ぎないので、結果的には合計点の高い順から選ばれることになる。

　一方で、NEETの導入を受けて、2018年以降工学系の試験でもNEET同様の試験の導入が検討されている。具体的には、JEE (Main)の試験は現在任意の州のみ参加しているが、改革案ではNEET同様にJEE (Main)を完全な統一試験にするというものである[78]。ただし、IITのような上位校に限っては、引き続きJEE (Advanced)を実施することとされている。

おわりに

　本章では大学入学者選抜制度の改革動向について検討した。インドでは第12学年の終了時に試験がおこなわれ、その合格は第12学年の修了と合わせて、一般的な大学の入学資格となる。その一方で、試験は州単位で実施されるため、連邦政府は1980年代から継続してその質の管理を目的とした機関の設置を目指しているが、依然としてその実現には至っていない。一方で、工学系や医学系の大学入学者選抜制度に関して、中央は2000年代初頭から全国統一型の試験を実施している。また、医学系の大学入試に関しては、州レベルでもおこなわれていた試験が廃止され、

2010年代以降は全国統一型試験のみが実施されている。以上をふまえれ
ば、大学入学者選抜制度に関しても中央主導で改革が展開されていると
いえる。

　しかし、州の参加が任意であるJEEとは異なり、州の参加が強制である
NEETでは、一部の州によるNEETからの離脱という事態が起きている。
ここで問われているのは、大学入学者選抜において、中央が求める質が
優先されるか、それとも州が求める「公平性」「公正性」が優先されるかと
いう、高等教育における価値基準の衝突である。もちろん、NEETでも
言語や留保制度など「公平性」「公正性」は担保されており、また第12学
年修了試験で質が担保されていないわけではないが、まさにこうした違い
によって、中央と州が対立しているということが起きているのである。残
念ながら2021年11月の執筆時点でこの顛末は不明だが、今後の展開が
大きく注目される。

注

1　弘中和彦「インド―門戸開放(大学入学資格)制から選抜制へ―」中島直忠編『世
　　界の大学入試』時事通信社、1986年、533頁。
2　同上書、546頁。
3　同上書、545頁。
4　NCERT. *National Curriculum Framework for School Education*
　　(http://www.ncert.nic.in/html/pdf/schoolcurriculum/ncfsc/ncfsc.pdf、2021年110
　　月1日ダウンロード).
5　NCERT. *National Curriculum Framework*. New Delhi: NCERT, 2005, p.115.
　　(http://www.ncert.nic.in/rightside/links/pdf/framework/english/nf2005.pdf、
　　2021年11月1日最終閲覧)
6　*Ibid.*, p.114.
7　Aggarwal, J. C., Gupta, S. *Secondary Education – History, Problems and Manage-
　　ment.* Delhi : SHIPRA PUBLICATIONS, 2007, p.139.
8　NCERT. *Examination Reforms*, New Delhi: NCERT, 2006, pp.2-3.
9　*Ibid.*, p.5.
10　*Ibid.*, p.21.

11　CBSE, *EXAMINATION BYE-LAWS 1995 (UPDATED UPTO JANUARY 2013)* (http://cbse.nic.in/examin-1/CBSE-Examination%20by%20Law%20 Book_2013.pdf、2021年11月1日最終閲覧)

12　CBSE, Class XII History (27) Sample Question Paper 2018-19 (http://cbseacademic.nic.in/web_material/SQP/Class_XII_2018_19/XII_History_ SQP_2018-19.pdf、2021年11月1日最終閲覧)

13　Government of Kerala, *NOTIFICATION 2019 FOR THE CONDUCT OF FIRST AND SECOND YEAR HIGHER SECONDARY EXAMINATIONS MARCH 2019 & THE DETAILS OF OTHER HIGHER SECONDARY EXAM-INATIONS TO BE CONDUCTED DURING THE YEAR 2019* (http://www.dhsekerala.gov.in/downloads/circulars/2111180729_NOT-2019.pdf、 2021年11月1日最終閲覧)

14　*Ibid.*

15　"Delhi University's first cut-off hits 'insane' 100%", *India Today* (https://www.indiatoday.in/india/north/story/delhi-university-first-cut-off-list-135610-2011-06-14、2021年11月1日最終閲覧)

16　*Ibid.*
"Sky's the limit: 100% cutoff for 10 courses in DU colleges this year", *Times of India* (https://timesofindia.indiatimes.com/india/skys-the-limit-100-cutoff-for-10-courses-in-du-colleges-this-year/articleshow/86697099.cms、2021年11月1日最終閲覧)

17　"Govt questions 100% cutoff, Sibal calls it irrational", *Times of India* (https://timesofindia.indiatimes.com/india/Govt-questions-100-cutoff-Sibal-calls-it-irrational/articleshow/8861650.cms?referral=PM、2019年3月19日最終閲覧)

18　Ghosh, P. "95% and Nowhere to Go". *India Today*, July 4, 2011, p.26.

19　"India has exam system, not education system", *Times of India* (http://articles.timesofindia.indiatimes.com/2011-0414/india/29417206_1_ entrance-exams-exam-system-national-exam、2011年8月11日最終閲覧)

20　Tilak, J. B. G. "Financing Higher Education in India", Chitinis. S., Altbach. P. G. (ed.). *Higher Education Reform in India*, New Delhi: Saga Publications, 1993, pp.66-67.

21　*Alternative to IIT-JEE, AIEEE and State JEEs: An Interim Report*, 2010. (https://www.cse.iitk.ac.in/users/dheeraj/jee/ramasami-ann3.pdf、2019年3月19 日最終閲覧)

22　*ALL INDIA Engineering / Architecture Entrance Examination AIEEE -2012 IN-FORMATION BULLETIN*, p.4.

23　南部広孝・渡辺雅幸「インドと中国における大学入学者選抜制度－現状と改革の比較的分析－」『京都大学大学院教育学研究科紀要』第58号、2012年、28頁。

24　留保制度について詳しくは、押川文子「留保制度」辛島昇ほか『南アジアを知る事典』平凡社、2012年、848-849頁、また、小原優貴「インドの教育における留保制度の現状と課題」『京都大学大学院教育学研究科紀要』第54号、2008年、345-358頁などを参照のこと。

25　AIEEEは英語とヒンディー語(現在はグジャラート語も)のみが用いられる試験であるため、特に各州がそれぞれの使用言語で試験を実施する必要がある場合に、SLEEEが実施されると考えられる。たとえば、アーンドラ・プラデーシュ州は、英語とテルグ語(Telugu)をSLEEEの試験言語に使用している。AP EAMCET-2016 (http://www.apeamcet.org/pdfs/INSTRUCTION%20BOOKLET_Engg.pdf、2016年12月1日最終閲覧)

26　南部・渡辺、前掲書、2012年、27-28頁。

27　"Nitish urges Sibal to reconsider new criterion for IIT-JEE", *The Hindu* (https://www.thehindu.com/news/national/other-states/Nitish-urges-Sibal-to-reconsider-new-criterion-for-IIT-JEE/article16887595.ece、2019年3月19日最終閲覧)

28　"IIT-JEE eligibility only to be decided by committee: Sibal", *The Hindu* (https://www.thehindu.com/news/national/IIT-JEE-eligibility-only-to-be-decided-by-committee-Sibal/article16887647.ece、2021年11月1日最終閲覧)

29　*Alternative to IIT-JEE, AIEEE and State JEEs: An Interim Report, 2010*

30　2005年にIITは、筆記試験による受験生の負担やストレス、また塾の影響の軽減を目的として筆記試験を廃止し、以降は多肢選択式の試験に変更された。"53,000 fewer IIT aspirants this year", *Times of India* (https://timesofindia.indiatimes.com/city/mumbai/53000-fewer-IIT-aspirants-this-year/articleshow/1790762.cms、2021年11月1日最終閲覧)

31　*Alternate Admission System for Engineering Programmes in India* (https://www.cse.iitk.ac.in/users/dheeraj/jee/ramasami-report.pdf、2019年3月19日最終閲覧)

32　受験準備によって競争的に身につけた知識(能力)ではなく、受験生が本来もっている潜在的な能力(ability)を指していると考えられる。

33　工学系のコースへの適性(aptitude)を判断する基礎的な試験としてJEE(Main)が、一方でより応用(advanced)的な試験としてJEE(Advanced)が想定されている。

34　"ONE NATION ONE TEST" – Philosophy and concerns", *India America Today* (http://www.indiaamericatoday.com/article/one-nation-one-test-philosophy-and-concerns/、2021年11月1日最終閲覧)

35 IITは全国各地に複数あるため、その全体の活動の調整を役割とする「協議会（Council）」が存在する（第33条（1））。協議会の構成員は、科学技術教育関連大臣、各IIT議長、各IIT校長、UGCの長、CSIRの長、インド科学大学バンガロール校（the Indian Institute of Science, Bangalore）の協議会の議長および校長、中央政府によって指名された3名、（工学系高等教育機関のプログラムの認証をおこなう）全インド技術教育審議会に指名された1名、参事によって指名された3名以上5名以内、国会議員3名、となっている。上述の「科学技術教育関連大臣」は現在、連邦レベルで教育を管轄する人的資源開発省の大臣がそれにあたる。

36 Minutes of the 44th Meeting of the Council of IITs（https://www.iitsystem.ac.in/Councildecisions-upload/97a61e9dc1.pdf、2016年9月9日最終閲覧）

37 "IIT-Kanpur to go it alone, will others follow suit?", *The Hindu*（https://www.thehindu.com/news/national/iitkanpur-to-go-it-alone-will-others-follow-suit/article3505841.ece、2019年3月20日最終閲覧）

38 THE INSTITUTES OF TCHNOLOGY ACT, 1961

39 "IIT-Kanpur to go it alone, will others follow suit?", *The Hindu*（https://www.thehindu.com/news/national/iitkanpur-to-go-it-alone-will-others-follow-suit/article3505841.ece、2019年3月20日最終閲覧）

40 "Will IIT-Delhi go the Kanpur way?", *The Hindu*（https://www.thehindu.com/features/education/college-and-university/will-iitdelhi-go-the-kanpur-way/article3509899.ece?utm_source=InternalRef&utm_medium=relatedNews&utm_campaign=RelatedNews、2019年3月20日最終閲覧）

41 "Faculty, alumni welcome Sibal's offer", *The Hindu*（http://www.thehindu.com/features/education/issues/faculty-alumni-welcome-sibals-offer/article3520889.ece、2016/6/20閲覧）

42 "IITs' autonomy will remain intact, says PM", *The Hindu*（https://www.thehindu.com/features/education/issues/iits-autonomy-will-remain-intact-says-pm/article3532953.ece、2019年3月20日最終閲覧）

43 "HRD ministry calls for special IIT Council meet on June 27 to fix admission row", *The Economic Times*（http://articles.economictimes.indiatimes.com/2012-06-23/news/32382295_1_iit-entrance-test-iit-council-iit-faculty、2016年6月20日最終閲覧）

44 Minutes of the 45th Meeting of the Council of IITs（https://www.iitsystem.ac.in/Councildecisions-upload/339ad7bfbf013.pdf、2016年9月9日最終閲覧）

45　"NIT Council adopts new JEE", *The Hindu*
(https://www.thehindu.com/features/education/college-and-university/nit-council-adopts-new-jee/article3603251.ece、2019年3月20日最終閲覧)

46　National Testing Agency, *JEE (Main) 2021 Information Bulletin*
(https://jeemain.nta.nic.in/webinfo2021/File/GetFile?FileId=1&LangId=P、2021年11月1日最終閲覧)

47　"JEE-Main can be taken up to 4 times", *The Hindu*
(https://www.thehindu.com/news/national/jee-mains-to-be-held-four-times/article33347047.ece、2021年11月1日最終閲覧)

48　"First JEE exam under NEP kicks off yn thirteen Indian languages", *Bisiness Standard*
(https://www.business-standard.com/article/education/first-jee-exam-under-nep-kicks-off-in-thirteen-indian-languages-121022300837_1.html、2021年11月1日最終閲覧)

49　"44 students get 100 percentile in JEE(Main), 18 secure rank 1", *Hindustan Times*
(https://www.hindustantimes.com/india-news/44-students-get-100-percentile-in-jee-main-18-secure-rank-1-101631744045064.html、2021年11月1日閲覧)

50　Association of Indian Universities, *HANDBOOK ON ENGINEERING EDUCATION 2016*, New Delhi; AIU, 2016, pp.xxxix-xliii. JEE (Advanced) 2016, Information Brochure
(http://www.jeeadv.ac.in/info_brochure、2016年9月9日最終閲覧)
なお JEE (Advanced) は IIT の他に、The Indian School of Mines が入学者選抜に利用している。

51　IIT KHARAGPUR, *JEE (Advanced) 2021 Information Brochure*
(http://www.jeeadv.ac.in/brochure.php、2021年11月1日最終閲覧)

52　"Class XII marks may play key role in IIT entry", *Times of India*
(http://timesofindia.indiatimes.com/india/Class-XII-marks-may-play-key-role-in-IIT-entry/articleshow/4930705.cms、2016年9月9日最終閲覧)

53　"JEE advanced 2021 results out, here's list of top 10 rank holders", *Hindustan Times*
(https://www.hindustantimes.com/education/competitive-exams/jee-advanced-2021-results-out-here-s-list-of-top-10-rank-holders-101634284867666.html、2021年11月1日最終閲覧)

54　DIRECTORATE GENERAL OF HEALTH SERVICES
(https://mcc.nic.in/MCCUG_aiq/Show-Pdf?Type=50C9E8D5FC98727B4BBC93CF5D64A68DB647F04F&ID=F1ABD670358E036C31296E66B3B66

C382AC00812、2018 年 3 月 7 日最終閲覧）

55　ALL INDIA PRE-MEDICAL/PRE-DENTAL ENTRANCE TEST-2015 FOR
　　ADMISSION TO MBBS/BDS COURSES
　　（https://aipmt.nic.in/aipmt/ShowPdf.aspx?Type=50C9E8D5FC98727B4BBC9
　　3CF5D64A68DB647F04F&ID=F1ABD670358E036C31296E66B3B66C3
　　82AC00812、2021 年 11 月 1 日最終閲覧）

56　Medical Council of India, *Vision 2015*, 2010
　　（http://www.mciindia.org/tools/announcement/MCI_booklet.pdf、2019 年 3 月
　　21 日最終閲覧）

57　"Why Tamil Nadu is not the first state to oppose NEET since implementation",
　　The Print
　　（https://theprint.in/india/why-tamil-nadu-is-not-the-first-state-to-oppose-neet-
　　since-implementation/736029/、2021 年 9 月 24 日最終閲覧）

58　"NEET: Everything you need to know about Supreme Court verdict", *The Indian
　　Express*
　　（https://indianexpress.com/article/education/neet-know-everything-about-the-sc-
　　verdict/、2021 年 11 月 1 日最終閲覧）

59　Order dated 11.04.2016 of the Hon'ble Supreme Court regarding NEET
　　（https://www.mciindia.org/CMS/wp-content/uploads/2017/10/NEET-order-
　　dated-11.04.2016-of-Honble-SC.pdf、2021 年 11 月 1 日最終閲覧）

60　なお、「（憲法第254条）共通管轄事項について、国会制定の法律と州議会制定の
　　法律が定植する場合には、国会の法律が優越」するとされている（佐藤創・太田
　　仁志編『インドの公共サービス』、アジア経済研究所、2017 年、25 頁）。

61　"The story behind the Tamil Nadu-NEET controversy", *Hindustan Times*
　　（https://www.hindustantimes.com/analysis/the-story-behind-the-tamil-nadu-neet-
　　controversy-101631681575005.html、2021 年 11 月 1 日最終閲覧）

62　"Tamil Nadu Assembly polls | Reversion of sducation to State list gains
　　momentum", *The Hindu*
　　（https://www.thehindu.com/elections/tamil-nadu-assembly/tamil-nadu-assembly-
　　polls-reversion-of-education-to-state-list-gains-momentum/article34226749.ece、
　　2021 年 11 月 1 日最終閲覧）

63　"Girls who filed case against NEET commits suicide", *The Hindu*
　　（https://www.thehindu.com/news/national/tamil-nadu/dalit-girl-who-filed-case-
　　against-neet-commits-suicide/article19601636.ece、2021 年 11 月 1 日最終閲覧）

64　"Justice A.K.Rajan submits report to CM on people's response to NEET,　says
　　majority who respouded are agaist it", *The Hindu*
　　（https://www.thehindu.com/news/national/tamil-nadu/justice-ak-rajan-submits-

report-to-cm-on-peoples-response-to-neet-says-majority-who-responded-are-against-it/article35317117.ece、2021年9月24日最終閲覧)

65　Government of Tamil Nadu, *Report of High Level Committee To Study The Impact of NEET on Medical Admissions in Tamil Nadu 2021*, p.71
（https://www.thehinducentre.com/resources/article36590063.ece、2021年11月1日最終閲覧)

66　*Ibid.,* p.155.

67　*Ibid.,* p.55.

68　"Tamil Nadu assembly passes Bill for medical admissions without NEET", *Times of India*
（https://timesofindia.indiatimes.com/city/chennai/tamil-nadu-govt-introduces-bill-to-nullify-neet/articleshow/86163551.cms、2021年11月1日最終閲覧)

69　"Tamil Nadu Assembly clears Bill to exempt state from NEET, BJP states walkout", *The Indian Express*
（https://indianexpress.com/article/cities/chennai/student-suicide-neet-assembly-cm-introduces-bill-exempt-tn-test-7505524/、2021年11月1日最終閲覧)

70　"CM Stalin writes to 12 chief ministers, seeks support for united fight against NEET", *The Indian Express*
（https://indianexpress.com/article/education/tamil-nadu-cm-stalin-writes-to-cms-of-12-states-seeking-support-against-neet-7551573/lite/、2021年11月1日最終閲覧)

71　"Maharashtra may soon follow Tamil Nadu in scrapping NEET for medical college admissions in the state", *India Today*
（https://www.indiatoday.in/education-today/news/story/maharashtra-may-soon-follow-tamil-nadu-in-scrapping-neet-for-medical-college-admissions-in-the-state-1857813-2021-09-27、2021年10月31日最終閲覧)

72　"The story behind the Tamil Nadu-NEET controversy", *Hindustan Times*
（https://www.hindustantimes.com/analysis/the-story-behind-the-tamil-nadu-neet-controversy-101631681575005.html、2021年11月1日最終閲覧)

73　"NEET 2017: Why Tamil Nadu Is Protesting; 10 Points", *NDTV*
（https://www.ndtv.com/education/neet-2017-why-tamil-nadu-is-protesting-10-points-1746305、2021年11月1日最終閲覧)

74　National Test Agency, National Eligibility Cum Entrance Test (UG) NEET (UG)-2021 Information Bulletin
（https://neet.nta.nic.in/webinfo/File/ViewFile?FileId=83&LangId=P、2021年11月1日最終閲覧)

75　"NEET 2017 in two more languages, Urdu excluded from the process", *Times of*

India
(https://timesofindia.indiatimes.com/home/education/news/neet-2017-in-two-more-languages-urdu-excluded-from-the-process/articleshow/56900130.cms、2021年11月1日最終閲覧)

"NEET in Urdu: Govt says not biased against Muslims", *Times of India*
(https://timesofindia.indiatimes.com/home/education/news/neet-in-urdu-govt-says-not-biased-against-muslims/articleshow/58088203.cms、2021年11月1日最終閲覧)

76　"Supreme Court issues notices to Centre, MCI over exclusion of Urdu in NEET", *Times of India*
(http://timesofindia.indiatimes.com/home/education/news/supreme-court-issues-notices-to-centre-mci-over-exclusion-of-urdu-in-neet/articleshow/57452048.cms、2021年11月1日最終閲覧)

"Supreme Court asks Centre to include Urdu in NEET from 2018-19 onwards, *India Today*
(https://timesofindia.indiatimes.com/city/ahmedabad/ug-medical-admissions-only-on-basis-of-neet-says-hc/articleshow/58555181.cms、2021年11月1日最終閲覧)

77　"NEET 2020: Delhi's Akanksha Singh and Odisha's Soyeb Aftab score perfect 100%", *The Hindu*
(https://www.thehindu.com/news/national/neet-results-declared-odishas-soyeb-aftab-bags-top-rank/article32875809.ece、2021年11月1日最終閲覧)

78　"Single entrance test for engineering, architecture seats from 2018, *Times of India*
(https://timesofindia.indiatimes.com/home/education/news/now-single-entrance-test-for-engineering-architecture-seats-from-2018/articleshow/57090829.cms、2021年11月1日最終閲覧)

終章　連邦制国家インドにおける高等教育の展開

はじめに

　最後に本章では、1990年代以降の高等教育機関、教員、学生に関わる連邦政府の施策を総合的に検討することで、連邦制という枠組みのもと、インドの高等教育がどのように展開しているのかを明らかにする。そして、これらを明らかにするために、序章において三つの課題を設定した。

　第1の課題は、連邦制の枠組みのもと、高等教育の主要なアクターである高等教育機関、教員、学生に関して、連邦政府がどのように政策をおこなっているのかを明らかにすることであった。

　第2の課題は、高等教育をめぐって、中央と州の間で具体的にどのような権限の衝突が起こるのかを明らかにすることであった。

　第3の課題は、1990年代以降、連邦制国家インドの高等教育において、全体として中央と州の関係はどのような形で展開しているのかを検討することであった。

　そこで、本章ではまずこれら三つの課題を整理し、最後にそれらをふまえたうえで、連邦制という枠組みのもと、インドの高等教育がどのように展開しているのかを明らかにする。

第1節　連邦政府による施策

　まずは第1の課題として、本節では連邦制の枠組みのもと、高等教育

の主要なアクターである高等教育機関、教員、学生に関して、連邦政府がどのように政策をおこなっているのかを整理する。

　まず高等教育機関に関していえば、1990年代以降の市場化やグローバル化などに対応する形で、インド憲法第7附則第I表連邦管轄事項第63項における高等教育機関の設置認可の権限に基づき、政策を展開している。具体的には、第2章でみたように、まず大学等の設置認可については、国全体の高等教育の質の底上げと、特にこれまで国立大学等のなかった州を中心に質の高い高等教育機会を保障するために、国立大学や国家的重要機関の新設を積極的におこなってきた。加えて、市場化の流れから、規制緩和や民営化という形で、私立の準大学の認可を積極的におこなってきた。もう一つは、高等教育全体の質を高めるため、連邦管轄事項第66項における高等教育の調整と基準の設定という権限のもと、従来までのUGCによる高等教育機関への補助金に加え、RUSAによって州政府に直接競争的な資金を分配することで、連邦政府が目指す高等教育の施策を州自ら実施するように促すなどの、これまでとは異なる新たな展開がみられるということである。

　次に教員に関しては、連邦管轄事項第66項における高等教育の基準の設定の権限に基づき、研究重視という世界的な高等教育の潮流にも対応しつつ、UGCが大学教員の資格を定めている。具体的には、第3章でみたように、特に2010年代以降は、グローバル化などに対応する形で、大学教員の採用や昇進の条件として、教育だけではなく、研究の業績を重視するようになってきている。一方で、インドでは大学教員に採用されるためには、博士号を取得するか、もしくは資格試験の合格が定められている。博士号については、研究の促進のために、大学教員資格としての博士号の位置づけを高めたり、世界トップ大学の博士号を大学教員資格として認めたりするなどの対応をおこなってきた。資格試験については、UGCが中心となってNETと呼ばれる大学教員資格試験を実施しており、同時に州によるSETの実施も認めている。

　最後に学生に関しては、連邦管轄事項第66項における高等教育の基準の設定の権限、および共通管轄事項第25項の権限に基づき、特に工学や医学という専門分野において、その質の全国的な管理のために連邦政府は全国統一型の入試を積極的に導入している。具体的には、第4章でみたように、工学系や医学系の大学入学者選抜制度に関して、中央は2000年代初頭から全国統一型の試験を実施しており、特に2010年代以降は試験制度の改革に取り組んでいる。また、医学系の大学入試に関しては、州レベルでもおこなわれていた試験が廃止され、2010年代以降は全国統一型試験のみが実施されている。

　以上のように、本節では連邦制の枠組みのもと、高等教育の主要なアクターである高等教育機関、教員、学生に関して、連邦政府がどのように政策をおこなっているのかを整理した。その結果、1990年代以降の市場化やグローバル化などに対応する形で、連邦政府は自らの権限のあるものについては、中央主導で積極的に政策を展開していることが明らかとなった。

第2節　中央と州の権限の衝突

　次に第2の課題として、高等教育をめぐって、中央と州の間で具体的にどのような権限の衝突が起こるのかを、先と同様に高等教育機関、教員、学生の順に明らかにする。

　前節で整理したように、1990年代以降特に連邦政府はさまざまな政策をおこなってきたが、そうした試みはそれまで特に問題となることがなかった、高等教育における中央と州の役割を改めて問い直すものであった。

　まず高等教育機関について、先も述べたように、連邦政府は自ら管轄する国立大学等の設置認可を積極的に進めてきたが、それに加えて私立大学の設置認可に着手しようとした。しかし教育の商業化に対する批判に加え、州政府からは私立大学を含む大学の設置認可や規制は州管轄事項

第32項の「大学の法人化、規制、ならびに解散」に基づいて州の管轄であり、結果的に私立大学の設置認可は州の役割となった。

　一方、連邦政府は連邦管轄事項第66項の高等教育の調整と基準の設定という権限のもと、高等教育全体の一元的な管理を目的とし、「2010年高等教育・研究法案」「2018年インド高等教育委員会法案」を提出した。しかし、州政府側は州管轄事項第32項に基づき、大学の規制に関する権限は州にあるとして、両法案に強く反対した。ここで改めて明らかになったことの一つは、連邦管轄事項第66項のと州管轄事項第32項に基づく、中央と州の権限の衝突である。

　第1章でも触れたように、1949年の憲法制定議会の際、大学の設置や規制については、中央がすべての高等教育機関を管理すべきである、あるいは連邦制を採用するのだから中央は補助金を出すだけに留まるべきであるなど、各委員からさまざまな意見が出たが、結果的に中央も国立大学等を設置認可できること（連邦管轄事項第63項、第64項）、中央に全体の調整と基準の設定ができること（連邦管轄事項第66項）が憲法に明記されることになった。ただし、憲法制定時においては連邦管轄事項第66項の調整と基準の設定の具体的な内容については明言が避けられた。そこで、1951年に「大学法案」が提出された際にその内容が具体化され、最終的な大学の認可は中央にあることや、中央が大学の基準を設定し規制することなど、かなり中央に大きな権限のある内容が盛り込まれた。しかし、大学側からの反対によって法案は廃案となり、その代わりとして1956年に「UGC法」が成立し、UGCには大学側からの要望もあった大学へ補助金の分配が主な役割となった。具体的には、連邦管轄事項第66項の権限の行使としては、UGCが補助金の対象となる高等教育機関の基準を設定し、その基準を満たした機関にのみ補助金を分配する方式が採用されることとなった。この時点で、中央は自ら管轄する限定的な機関の設置認可および中央と州の高等教育機関に対する補助金の分配が主たる役割であったのに対して、州は自ら高等教育機関を設置し規制するというのが基本と

なっていた。そして、「大学教育は州の事項であり、州は大学とそのカレッジの維持管理に責任を負うべきである。中央はこれらに関しては責任を負うべきではない」というのが大前提となった。そのため、当時は連邦管轄事項第66項と州管轄事項第32項に基づく、中央と州の権限の衝突は基本的になかった。一方、中央や研究者などから特に州の高等教育の質への批判もあったものの、中央は州の高等教育に強く介入せずあるいは介入できず、それぞれの管轄でおこなわれてきた。そこには、中央はインド全体の高等教育の質の確保のため最低限の基準等を考慮するが、州としては州内の高等教育需要に応えるのが第一であり、いくら中央が考える質とは程遠かったとしてもそこに従う理由はなく、あくまで各州内の論理で高等教育が展開していたと考えられる。その後1976年に高等教育を含む教育が州管轄事項から共通管轄事項へと移行されたが、しばらく大きな変化はなかった。しかし1990年代以降、それ以前とは比べものにはならないほどに高等教育が拡大したのに加え、市場化やグローバル化などの影響により、インド一国として高等教育の質の確保の必要性が生じた。そして、中央は連邦管轄事項第66項に基づき、全体の一元的な管理のための法案を提出したものの、今度は連邦管轄事項第66項と州管轄事項第32項に基づく、中央と州の権限の衝突が生じた。その結果、「2010年高等教育・研究法案」や「2018年インド高等教育委員会法案」は、州管轄事項第32項の州による大学の規制の権限を侵害するものであり、連邦管轄事項第66項の調整と基準の設定の権限を超えていると判断された。なお、2021年時点でも中央は「2020年NEP」のなかで依然としてインド高等教育委員会の設置を謳っており、各州の理解を求めている。

　次に教員については、連邦管轄事項第66項の調整と基準の設定に基づき、第1章でも触れたように、UGC法第5章「雑則」第26条「規則を定める権限」には、「(h) 教育の分野に関わる大学の教職員として任命される人物に一般的に求められる資格を定義する」とあり、「UGC法」が制定された1956年からこの権限自体は変わらない。その結果、基本的に中央にそ

の権限があるため、中央と州の権限の衝突が起こりにくくなっている。

　最後に学生については、特に医学系の全国統一入試であるNEETの存在がある。JEEに関しては、将来的な構想は別として、2021年時点ではあくまで各州は任意でJEEを利用できるという位置づけだが、NEETは州立を含むすべての医学系の高等教育機関の入学に課されるため、各州には強制されるものとなっている。ここで憲法における権限の衝突という点に着目すれば、共通管轄事項第25項の存在がある。中央としては、連邦管轄事項第66項に加え、共通管轄事項第25項に基づき、統一試験を実施することであくまで医学系高等教育機関の入学のための質の最低基準を定めているという立場である。それに対して州としては、共通管轄事項第25項は州の権限も認めており、中央が統一試験をおこなったとしても、州としては独自に選抜を実施できるとする立場である。特にタミル・ナードゥ州では州の統一試験も廃止し、あくまでも第12学年修了試験の結果のみで入学の最低基準は確保できるという立場である。一方、最高裁は中央にNEETを実施する権限を認めたが、その理由として、「中央が統一入試をおこなったとしても、各州独自の統一入試を禁じているわけではない」というものだった。しかし、そもそも統一入試をおこなわず、第12学年修了試験で選抜を試みようとするタミル・ナードゥ州にとって、この判決は事実上意味をなさないのである。また統一入試を廃止した背景には、特に農村部の生徒が塾に通わずとも高等教育の機会が得られるようにという「公平性」「公正性」に関わる地域の事情もある。

　一方、連邦政府は「2020年NEP」において、将来的に第12学年修了試験をより容易なものとし、大学入学についてはアメリカのSATのような共通適性試験を別に実施することを示唆している。これが意味するところは、第12学年の修了と大学入学の基準を事実上分離させ、共通適性試験によって大学入学のための基準を統一したいという中央の意向がある。しかし見方を変えれば、共通適性試験の導入は、各州による高等教育機関への入学基準の決定という権限を骨抜きにし、連邦政府が主導してその決

定を一元化したいという思惑もみてとれる。現にNEETで起きていること
は、まさにそうした流れの実現であり、政治的な背景（中央と州の対立だけ
ではく、与党のインド人民党と地方政党との対立）も無視できないが、タミル・
ナードゥ州をはじめ、一部の州ではこうした動きに強い反発を示している
のである。

　以上のように、本節では、高等教育をめぐって、中央と州の間で具体
的にどのような権限の衝突が起こるのかを、先と同様に高等教育機関、教
員、学生の順に整理した。検討の結果、憲法における権限という観点か
ら改めて整理すると、中央と州の対立を生む要因としては大きく分けて二
つある。一つは、連邦管轄事項第66項の「調整と基準の設定」と州管轄事
項第32項の「大学の法人化、規制、ならびに解散」である。以前であれば、
中央はUGCを介して高等教育機関への補助金の分配が主な役割であった
ため、基本的に中央と州の権限が衝突することはなかった。しかし、
1990年代以降は中央による私立大学の設置認可や高等教育の一元的な管
理をめぐって、中央と州で権限の衝突が生じたのであった。もう一つは、
共通管轄事項第25項の存在である。1976年の憲法改正以降、しばらくは
問題なかったが、たとえば中央のNEETの実施では、その実施をめぐっ
て中央と一部の州による権限の衝突がみられる。

第3節　中央と州の関係

　最後に第3の課題として、本節では1990年代以降、連邦制国家インド
高等教育において、全体として中央と州の関係はどのような形で展開して
いるのかを検討する。

　まずこれまでを改めて整理すると、たとえばアメリカなどの典型的な連
邦制国家の場合、グローバル化などに対しても、基本的には各州などが
対応し、中央の役割は限定的である。一方で、インドの場合、各州は大
学の設置や規制など原則的に自らの州の高等教育に責任を負っているも

のの、中央も国立大学等の設置や「高等教育の調整と基準の設定」など一定の強い権限をもつ。こうした制度設計の前提には、州は自らの責任で高等教育の運営をおこなう一方で、中央は全国的な基準を設けることなどが期待されてきた。そして1990年代以降のグローバル化やそれに伴う高等教育の拡大などに対応する形で、連邦政府は自らの権限のあるものについては、中央主導で、しかも比較的中央と州は協調して政策を展開していることが明らかとなった。ただし、中央が積極的に政策を実施しようとすれば、特に権限が重なる高等教育機関の設置認可や管理については、対立的な関係が生じてしまう場合が多い。連邦制国家インドにおいて、中央がすべてを管理するということにはやはり限界があるといえる。

そこでまず、中央主導で積極的に施策を展開しているものの、比較的中央と州の関係が協調的である点についてまとめる。

高等教育機関をめぐっては、たとえば国立大学等の設置に関して、市場化やグローバル化に伴う高等教育の拡大に対応するため、連邦政府としては特にこれまで国立大学がなかった州を中心に高等教育機会の拡大や高等教育の質の底上げをおこなう一方で、各州からすれば自らの負担なく州民に対して比較的質の高い教育機会を提供することができるという側面がある。したがって、国全体の均質な質の向上を目指す連邦政府と、自ら負担なく比較的質の高い高等教育を展開できる州政府との間には大きな衝突が起こらず、むしろ両者の思惑が一致するため、相互にwin-winの関係にあり、中央と州の関係は協調的であることがみてとれる。また、RUSAに関しても、連邦政府は州政府に直接競争的な資金を分配し、中央が目指す高等教育の施策を州自らに実施させることができる一方で、各州からすれば、中央の意向に従わなければならないものの、少ない負担で自州の高等教育の質と量を向上させることができる。したがって、国全体の質と量の向上を目指す連邦政府と、少ない負担で質と量をともに満たすことができる州政府はwin-winの関係にあり、この場合も中央と州の関係は協調的であることがみてとれる。

　続いて教員をめぐっては、上述したように、連邦管轄事項第66項にお
ける高等教育の基準の設定の権限に基づき、UGCは大学教員の資格を定
め、グローバル化の影響のもと、研究重視という時代の変化にも対応して
きた。この点については、原則的に中央に権限があるため、特に中央と州
の間に対立的な関係はもたらしていない。一方で、大学教員資格試験に
ついては、こちらも中央に主導権があるものの、中央の一方的な強制では
なく、「試験の使用言語」や「地方に特徴的な科目」に配慮し、中央の監督
下で各州にもその実施が認められている。また、NETにおいても、「試験
の使用言語」や「地方に特徴的な科目」に配慮し、その導入を積極的におこ
なっている。したがって、中央の側としては州の多様性は認めるものの主
導権をもって実施ができ、州の側としては中央に従わざるを得ないものの
自らの言語や文化の多様性が認められ、場合によってはその向上という利
益を受けることができるようになっている。これらの関係から、大学教員
資格試験制度においても中央と州がともにwin-winの関係であり、また互
いに協力しながら営まれている姿が浮かび上がってくる。

　最後に学生をめぐっては、工学系の統一試験に関しては、現時点で中
央と州でそれぞれ実施されており、また州独自で実施していなくとも、
JEEに参加することができるため、少なくとも中央と州の間には衝突はな
い。一方で、NEETにおいて、タミル・ナードゥ州など一部の州では反対
しているものの、残りの州についてはNEETが実施されている。NEET
に参加している州としては、これまで各州で独自に州の統一試験を実施し
ていた、あるいはしていなかったものの、中央がNEETを実施したことに
よって、特段州の負担なく、質を確保するためにそれを利用することがで
きる。したがって、少なくとも統一試験をすることによって質を確保した
いと考える中央と州とすれば、学生をめぐっても基本的にwin-winの関係
にあり、中央と州の関係は協調的であるとみてとれる。

　以上のように、中央主導による一定の施策に対しては、中央と州が協調
して実施されていることがわかる。こうしたことは、中央と州の権限が衝

突し、しばしば高等教育の機能不全が批判されるばかりではない、インド
の高等教育像を示すものであろう。

　次に、中央主導で積極的に施策を展開しているため、権限が衝突し、
中央と州の関係が対立的である点についてまとめる。

　高等教育機関をめぐっては、1990年代以降、連邦政府は私立大学の導
入を試みたが、その設置認可の権限については州に権限があったため、
一時対立的な関係が生じた。しかし、私立大学については連邦政府が引
き下がる形で事態は収拾し、その代わりとして私立の準大学を認可するこ
とでその対応をおこなった。一方、高等教育の質の維持向上のため、
2010年や2018年の法案のような高等教育の一元的な管理についても、
中央と州との間に対立的な関係をもたらしている。その最も大きな要因は、
連邦管轄事項第66項の調整と基準の設定という権限と、州管轄事項第32
項の大学の設置認可の権限の衝突にある。すなわち、私立大学等の場合
もそうであるが、中央が高等教育機関の設置認可や規制をおこなおうとす
れば、現憲法ではどうしても中央と州の間に対立が生じてしまう構造に
なっている。とはいえ、グローバル化等の進展によって改革のスピードが
より求められるなか、諮問委員会などでも中央による高等教育の一元的な
管理が高等教育の抜本的な改革として期待されているものの、それがう
まくいかないことが批判されていることも十分に理解できることではある。
しかし、改革のスピードを優先して中央が一元的に高等教育の管理を強
行すれば、高等教育をきっかけに中央と州の関係が悪化し、極言すれば
インドの安定に寄与してきた連邦制という枠組みそのものを危うくさせ、
ひいては国全体を不安定にさせかねない恐れも十分にある。そのため、こ
うした中央による高等教育の一元的な管理に関してもその影響力を考慮し、
中央は強行せず、あくまで州の理解を求め続けている。

　続いて教員をめぐっては、先も述べたように、原則的に中央に権限があ
るため、特に中央と州の間に対立的な関係はもたらしていない。

　最後に学生をめぐっては、特にNEETの実施において対立関係にある。

中央は医学教育の質の統一的な管理のためNEETを実施しているが、タミル・ナードゥ州をはじめ一部の州では「公平性」「公正性」の観点からNEETの実施そのものに反対している。もちろん中央としても「公平性」「公正性」の問題を無視することは容易にできないだろう。しかしNEETに関しても中央がすべての州に強制を続ければ、それをきっかけに中央と州の関係がさらに悪化する恐れが十分にある。現にNEETをきっかけに、タミル・ナードゥ州は賛同する州の協力を得て、共通管轄事項第25項の教育の権限を州管轄事項に戻す運動を展開している。それに対して中央は静観の構えだが、おそらく中央としても高等教育の改革が急務である以上、もはや共通管轄事項の権限を簡単に手放すことはないだろう。なお、JEE改革の議論の際、2009年当時の人的資源開発相や2010年のアチャヤ委員会は、「IITの入学者には社会的・経済的な背景に偏りがあるとして、塾に通わなければ合格できないJEEではなく学校での評価が重視される」という意味で、第12学年修了試験の重視を訴えていた。すなわち、中央による当初のJEE改革の背景と、タミル・ナードゥ州によるNEET離脱の背景は同じだったのであり、中央が必ずしも「公平性」「公正性」を無視しているわけではない（もしくは無視できない）ことにも注意が必要だろう。ただし、インドでは（州のものも含め）統一型試験をおこなうこと自体が、「公平性」「公正性」に問題が生じる恐れがあるため、ここには非常に難しい問題が潜んでいるといえる。

　このように、中央と州が協調的な関係、対立的な関係、どちらも伴いながらインドでは高等教育が展開されていることがわかる。しかし、「対立的な関係」についてはもう少し踏み込んで検討する必要がある。というのも、中央と州の権限が重複する場合、主として州による反発によって対立的な関係が生じるが、その後対立が深まるのではなく、基本的に中央が一旦引き下がる、すなわち妥協することで、ある意味州と協調的に高等教育を進めていこうとする中央の意図も汲みとれるからである。たとえば、中央による私立大学の設置認可や、2010年代以降の高等教育の一元化を

求める法案の断念、またJEEのように参加を州の任意に留めておくことも、中央としてはある程度の質を犠牲にするものではあるかもしれないが、それは必ずしも消極的な意味での妥協ではないということである。妥協という対応が、結局中央の施策が中途半端であり、全体の統制を十分とれていないと評価することもできる。一方、中央が自らの政策を強行することで、中央と州の関係が悪化し、その他の政策にも悪い影響を及ぼす恐れも十分にある。現に中央がNEETを実施し、タミル・ナードゥ州を中心に中央と州の関係が悪化したのはまさにその典型である。その結果、タミル・ナードゥ州だけでなく、その他の州にも中央への反発が広がっている。またNEETだけでなく、共通管轄事項第25項や「2020年NEP」にまで反発の対象は拡大している。

　これまでみてきたように、1990年代以降の社会変化への対応や、高等教育の需給が大きく拡大した以上、高等教育の発展のためにはもはや中央と州の協調は不可欠である。とすれば、漸進的な発展になるとはいえ、中央と州の安定的な関係を維持するためには、中央の妥協もやむを得ないのである。

　以上のように、連邦制という枠組みのもと、もちろん憲法における高等教育の権限が中央と州で重複していることなどが対立を生むそもそもの原因ではあるが、特に1990年代以降は市場化やグローバル化といったさまざまな影響によって、中央か州かではなく、それぞれの事情によって複雑に中央と州が高等教育を運営していくことがこの国では求められるのである。したがって、中央集権的な連邦制であるにもかかわらず、中央が高等教育をリードしきれないことは、必ずしも批判ばかりされる点ではない。むしろ中央集権的な連邦制とはいえ、中央が妥協することによって高等教育のすべてをリードしきれないとしても、それは悲観的なことではなく、多様性を認めつつ統一を目指す連邦制国家インドの発展にとっては非常に大切なことなのである。

第4節　結語

　本書の目的は、1990年代以降のグローバル化や高等教育の拡大等に伴い、高等教育機関、教員、学生に関わる連邦政府の施策を総合的に検討することで、連邦制という枠組みのもと、インドの高等教育がどのように展開しているのかを明らかにすることであった。そして、これらを明らかにするために、三つの課題を設定した。

　まず第1の課題として、連邦制の枠組みのもと、高等教育の主要なアクターである高等教育機関、教員、学生に関して、連邦政府がどのように政策をおこなっているのかを明らかにした。検討の結果、連邦政府は自らの権限のあるものについては、中央主導で積極的に政策を展開していた。一方で、州政府に直接競争的な資金を分配し、連邦政府が目指す高等教育の施策を州自ら実施するよう促すことで、これまでにない形でも高等教育全体の質の向上に努めていることも明らかとなった。

　次に第2の課題として、高等教育をめぐって、中央と州の間で具体的にどのような権限の衝突が起こるのかを、先と同様に高等教育機関、教員、学生の順に明らかにした。検討の結果、特に高等教育機関をめぐっては連邦管轄事項第66項と州管轄事項第32項、学生をめぐっては共通管轄事項第25項を中心に権限の衝突が生じることが明らかとなった。

　最後に第3の課題として、1990年代以降、連邦制国家インドの高等教育において、全体として中央と州の関係はどのような形で展開しているのかを明らかにした。検討の結果、1990年代以降、連邦制国家インド高等教育において、中央と州の関係は、協調的、対立的な点ももちろん無視することはできないが、むしろ協調的な関係を維持するためにも、中央による妥協が重要なのではないかということを明らかにした。

　以上をふまえ、1990年代以降のグローバル化や高等教育の拡大等に伴い、高等教育機関、教員、学生に関わる連邦政府の施策を総合的に検討することで、連邦制という枠組みのもと、インドの高等教育がどのように

展開しているのかを明らかにするという本書の目的に対しては、以下のような一言にまとめることができる。すなわち、中央集権的な連邦制のもと、1990年代以降の社会変化への対応として、連邦政府は中央自らの権限がある場合は州と協調しながら中央主導で政策を実施しつつ、また権限が州と衝突した場合は、より大きな安定のためにときには妥協しながらも、インドの高等教育は展開しているのではないかと考える。

　本書は、主として連邦政府による施策というマクロな視点から、インドにおける高等教育の展開を明らかにするものだった。そして明らかとなったことの一つは、政府が積極的に高等教育に関わっていることである。しかし一方で、たとえば第12学年修了試験におけるケーララ州の例や大学教員資格試験におけるSETの例など一部には触れることができたが、全体としては各州の取り組みを検討することができなかった。インド高等教育のより包括的な実体の把握のためにも、各州の取り組みに対する実証的な研究に関しては今後の課題としたい。また、各州も含め、政府が高等教育に積極的に関わっている以上、政府の各試みは政府と大学（高等教育機関）との関係にも影響を及ぼしていると考えられる。たとえば、第4章でも触れたが、JEEの改革の際、中央とIITは対立し、その結果、新たなJEEは中央とIITの折衷案という形になった。このように考えれば、インド高等教育全体について考える場合、当然政府と大学との対立や協調という、政府と大学との関係についても考える必要がある。そのためには、実際に高等教育を運営している大学が政府の政策をどのように捉え、また実際にどのようなことをおこなっているのかというより実証的なミクロの研究が不可欠である。さらに、連邦政府の取り組みについても、たとえば現時点では高等教育の一元的な管理の行方も不明のままである。したがって、引き続きインド高等教育の動向に注視し、そうしたことの解明についても今後の課題としたい。

参考文献リスト

● 日本語文献

アンダーソン, A.著、新川敏光監訳『連邦制入門』関西学院大学出版会、2010年。

インディレサン, P. V.「世界水準のインド研究大学への展望」フィリップ・G.アルト
　バック、ホルヘ・バラン編、米澤彰純監訳『新興国家の世界水準大学戦略　世界
　水準をめざすアジア・中南米と日本』東信堂、2013年、163-194頁。

牛尾直行「インドにおける「無償義務教育に関する子どもの権利法(RTE2009)」と
　社会的弱者層の教育機会」『広島大学現代インド研究―空間と社会』広島大学現
　代インド研究センター、第2号、2012年、63-74頁。

牛尾直行「インドにおける高等教育民営化の現状」『教育制度学研究』日本教育制度
　学会、第11号、2004年、334-339頁。

牛尾直行「チェンナイにおけるSC/ST/OBCs学生の学歴形成と教育制度」押川文
　子・南出和余編著『「学校化」に向かう南アジア―教育と社会変容―』昭和堂、
　2016年、221-241頁。

榎木薗鉄也「インドの言語政策と言語状況」山本忠行・河原俊昭編著『世界の言語
　政策：第2集』くろしお出版、2007年、158-160頁。

小川忠『ヒンドゥー・ナショナリズムの台頭：軋むインド』NTT出版、2000年。

押川文子「留保制度」辛島昇ほか『南アジアを知る事典』平凡社、2012年、848-849
　頁。

押川文子「インドの教育制度－国民国家の教育制度とその変容」押川文子・南出和
　余編著『「学校化」に向かう南アジア　教育と社会の変容』昭和堂、2016年、3-57頁。

小原優貴「インドの教育における留保制度の現状と課題」『京都大学大学院教育学
　研究科紀要』第54号、2008年、345-358頁。

小原優貴「インド－知的資本の拡大と還流を目指す「知的資本大国」構想－」北村友
　人・杉村美紀共編『激動するアジアの大学改革－グローバル人材を育成するため
　に』上智大学出版、2012年、197-210頁。

小原優貴「インドにおけるトランスナショナル教育」杉本均編『トランスナショナル
　高等教育の国際比較―留学概念の転換』東信堂、2014年、277-281頁。

賀来弓月『インド現代史―独立五〇年を検証する』中央公論社、1998年。

辛島昇ほか監修『新版　南アジアを知る事典』平凡社、2012年。

孝忠延夫『インド憲法とマイノリティ』法律文化社、2005年。

孝忠延夫・浅野宣之『インドの憲法―21世紀「国民国家」の将来像』関西大学出版部、
　2006年。

古賀正則「転機に立つインド経済」古賀正則・内藤雅雄・中村平治編『現代インドの
　展望』岩波書店、1998年、99-124頁。

近藤則夫「インドの中央・州関係の展開―協調的連邦制への可能性」『アジア経済』
　日本貿易振興機構、第41巻、第10・11号、2000年、66-77頁。

財団法人自治体国際化協会『インドの地方自治―日印自治体間交流のための基礎知
　識』財団法人自治体国際化協会、2007年。

佐々木宏『インドにおける教育の不平等』明石書店、2011年。

佐々木宏「インド高等教育の発展動向―高等教育機関データベース All India Survey
　on Higher Education の検討」『アジア経済』第58巻第1号、2017年、73-96頁。

佐藤創・太田仁志編『インドの公共サービス』、アジア経済研究所、2017年。

佐藤隆広『経済開発論―インドの構造調整計画とグローバリゼーション』世界思想
　社、2002年。

渋谷英章「インド―「社会主義型社会」の建設と教育」馬越徹編『現代アジアの教育
　―その伝統と革新』東信堂、1989年、219-242頁。

渋谷英章「インド―公共セクター縮小と高等教育拡大戦略」馬越徹編『アジア・オセ
　アニアの高等教育』玉川大学出版部、2004年、192-207頁。

ジャヤラム, N.「インドの高等教育―大衆化と変化」P. G. アルトバック、馬越徹編
　『アジアの高等教育改革』玉川大学出版部、2006年、91-123頁。

田中雅一・田辺明生編『南アジア社会を学ぶ人のために』世界思想社、2010年。

ティラック「インドの高等教育―新たな波と政策の展開―」P. G. アルトバック編、
　森利枝訳『私学高等教育の潮流』玉川大学出版部、2004年、107-134頁。

中溝和弥「インドにおける中央・州関係の展開」堀本武功・三輪博樹『現代南アジア
　の政治』放送大学教育振興会、2012年、118-130頁。

南部広孝「教育改革の国際比較」江原武一・南部広孝編著『現代教育改革論―世界
　の動向と日本のゆくえ―』放送大学教育振興会、2011年、9-22頁。

南部広孝・渡辺雅幸「インドと中国における大学入学者選抜制度―現状と改革動向
　の比較的分析」『京都大学大学院教育学研究科紀要』第58号、2012年、19-43頁。

野沢恵美子「インドにおける言語と学校教育―社会的流動性と格差の再生産」杉野
　俊子・原隆幸編著『言語と格差―差別・偏見と向き合う世界の言語的マイノリ
　ティ』明石書店、2015年、184頁。

弘中和彦「インド―門戸開放（大学入学資格）制から選抜制へ―」中島直忠編『世界の
　大学入試』時事通信社、1986年、533-546頁。

レイプハルト, A. 著、粕谷祐子訳『民主主義対民主主義：多数決型とコンセンサス
　型の36ヶ国比較研究』勁草書房、2005年。

山崎恭平『インド経済入門』日本評論社、1997年。

山本盤男『連邦国家インドの財政改革の研究』九州大学出版会、2007年。

●英語文献

Aggarwal, J. C. *Landmarks in the History of Modern Indian Education*　(6th *edition*),

New Delhi: Vikas Publishing House, 2007.

Aggarwal, J. C., Gupta, S. *Secondary Education – History, Problems and Management.* Delhi : SHIPRA PUBLICATIONS, 2007.

Agarwal, P., *Indian Higher Education: Envisioning the Future*, New Delhi: SAGE Publications India, 2009.

Agarwal, P. (ed.) *A Half-Century of Indian Higher Education: Essays by Philip G. Altbach*, New Delhi: SAGE Publications, 2012.

Altbach, P. G. "India's higher education challenges", *Asia Pacific Education Review*, Vol.15, Issue 4, 2014, pp.503-510.

Association of Indian Universities, *HANDBOOK ON ENGINEERING EDUCATION 2016*, New Delhi; AIU, 2016.

Bhattacharjee, K. S., "Centre-State Relations in Education.", In Grover, V., Arora, R., (ed.) *Encyclopaedia of India and Her States 3: Indian Federalism and Centre-State Relations*, New Delhi: Deep & Deep Publications, 1998.

Biswas, A., Agrawal, S. (ed.) *Indian Educational Documents since Independence: Committees, Commissions, Conferences*, New Delhi: The Academic Publishers, 1989.

Chitnis, S., Altbach, P. G. (ed.) *Higher Education Reform in India : Experience and Perspectives*, New Delhi: Sage Publications , 1993.

Gupta, A. "International Trends in Private Higher Education and the Indian Scenario.", *Research & Occational Paper Series*, University of California, 2009, p.10.

Kolhatkar, M.R. *Education and Federalism in India*, New Delhi; RAWAT PUBLICATIONS, 2012.

Marginson, S., Carnoy, M. "Higher Education in Federal Countries", M. Carnoy, I. Froumin, O. Leshukov and S. Marginson (eds.) *Higher Education in Federal Countries: A Comparative Study*, New Delhi; SAGE, 2018, pp.1-36.

National Assessment and Accreditation Council, *16th Annual Report 2009-10*, Bangalore: NAAC, 2012.

National Knowledge Commission, *Report to the Nation 2006-2009*, New Delhi: Government of India, 2009.

National Commission on Teachers- II , *Report of National Commission on Teachers- II 1983-85*, New Delhi: Controller of Publications, 1985.

NCERT. *Examination Reforms*, New Delhi: NCERT, 2006.

Pinto, M. *Federalism and Higher Education—the Indian Experience*, Pune: Sangam Books, 1984.

Planning Commission, *Eleventh Five Year Plan (2007-2012): Inclusive Growth*, New Delhi: Planning Commission, 2008.

Planning Commission, *Faster, Sustainable and More Inclusive Growth: An Approach to the Twelfth Five Year Plan (2012-17)*, New Delhi: Planning Commission, 2011.

Ramamurthy, M. S., "The Constitutional Framework", Singh, A. and Altbach, P. G.(eds.) *The Higher Learning in India*, Delhi; VIKAS PUBLISHING HOUSE PVTLTD, 1974, pp.3-24.

Singh, A. *Fifty Years of Higher Education in India*, New Delhi; SAGE PUBLICATIONS, 2004.

The Constituent Assembly of India, *CONSTITUENT ASSEMBLY DEBATES: OFFICIAL REPORT Volume IX 30-7-1949 to 18-9-1949*, New Delhi; Lok Sabha Secretariat, 1999.

Tilak, J. B. G. "Financing Higher Education in India", Chitinis. S., Altbach. P. G. (ed.) *Higher Education Reform in India*, New Delhi: Saga Publications, 1993, pp.66-67.

Tilak, J. B. G., "The Foreign Educational Institutions Bill: A Critique.", *Economic and Political Weekly*, Vol.145, No.19, 2010b, pp.12-15.

Tilak, J. B. G., "Higher Education Policy in India in Transition.", *Economic and Political Weekly*, Vol.147, No.13, 2012, pp.36-40.

Tilak, J. B. G. "Unfullfilled Need for Cooperative Federalism", Carnoy, M., Froumin, I., Leshukov, O. and Marginson, S. (eds.) *Higher Education in Federal Countries: A Comparative Study*, New Delhi; SAGE, 2018, pp.258-305.

University Grants Commission, *The University Grants Commission Act, 1956 and Rules & regulations under the Act*, New Delhi: UGC, 2002.

University Grants Commission, *Higher Education in India at a glance*, New Delhi: UGC, 2012.

● Web上の報告書

人的資源開発省(Ministry of Human Resource Development)ホームページ
(https://mhrd.gov.in/)

大学補助金委員会(University Grants Commission)ホームページ
(https://www.ugc.ac.in/)

文部科学省「世界の学校体系(ウェブサイト版):インド」
(https://www.mext.go.jp/component/b_menu/other/__icsFiles/afieldfile/2017/10/02/1396848_001_1.pdf)

Ministry of Human Resource Development, *Programme of Action 1992*.
(http://www.teindia.nic.in/Files/Reports/CCR/POA%201992.pdf)

Ministry of Human Resource Development, *Statistics of Higher Education & Technical Education 2009-10*, New Delhi: MHRD, 2011.

(http://mhrd.gov.in/sites/upload_files/mhrd/files/Abstract2009-10_0.pdf)

Ministry of Education, *ALL INDIA SURVEY ON HIGHER EDUCATION 2019-20.*
(https://www.education.gov.in/sites/upload_files/mhrd/files/statistics-new/aishe_eng.pdf)

Rajalakshmi, T. K., " A Degree of Doubt.", Frontline, Vol.24, Issue.15, 2007.
(http://www.frontlineonnet.com/fl2415/stories/20070810510709800.htm)

Ramachandran, R., "University Business." *Frontline*, Vol.26, Issue.14, 2009.
(http://www.frontlineonnet.com/fl2614/stories/20090717261400400.htm)

Medical Council of India, *Vision 2015*, 2010
(http://www.mciindia.org/tools/announcement/MCI_booklet.pdf)

Ministry of Education, *UNIFIED DISTRICT INFORMATION SYSTEM FOR EDUCATION PLUS (UDISE +) 2019-2020*, New Delhi; MoE, 2020
(https://www.education.gov.in/sites/upload_files/mhrd/files/statistics-new/udise_201920.pdf)

Ministry of Human Resource Development, E*DUCATIONAL STATISTICS AT A GLANCE*, New Delhi; MHRD, 2018

Ministry of Human Resource Development, *Rashtriya Uchchatar Shiksha Abhiyan : National Higher Education Mission*
(http://rusa.nic.in)

Ministry of Human Resource Development, *SUMMARY RECORD OF DISCUSSION OF THE 60TH MEETING OF CENTRAL ADVISORY BOARD OF EDUCATION HELD ON 8th NOVEMBER, 2012*
(http://mhrd.gov.in/sites/upload_files/mhrd/files/document-reports/SUM_60CABE_08112012_0.pdf)

Minutes of the Central Board of Education (CABE) held on 19th June 2010 at New Delhi, *MHRD*
(http://mhrd.gov.in/sites/upload_files/mhrd/files/Minutes-CABE-190610.doc.pdf)

National Common Minimum Programme, *The Government of India*
(http://pmindia.nic.in/cmp.pdf)

State Higher Education Council, *UGC*
(http://www.ugc.ac.in/page/State-Higher-Education-Councils.aspx)

Supreme Court Judgement on Private Universities of Chhattisgarh
(http://www.academics-india.com/SC%20judgement.htm)

Yashpal Committee Report
(http://www.academics-india.com/Yashpal-committee-report.pdf)

University Grants Commission, *Annual Report 2012-13*, New Delhi: UGC, 2013.
    (https://www.ugc.ac.in/pdfnews/6022729_English-Report-2012-13.pdf)
University Grants Commission, *Annual Report 2017-2018*, New Delhi, 2018, p.142.
    (https://www.ugc.ac.in/pdfnews/5595965_UGC-ANNUAL-REPORT-
    English-2017-18.pdf)

● 法規、法案、規則等
CBSE, *EXAMINATION BYE-LAWS 1995 (UPDATED UPTO JANUARY 2013)*
    (http://cbse.nic.in/examin~1/CBSE-Examination%20by%20Law%20
    Book_2013.pdf)
Higher Education and Research Bill, 2010
    (http://www.aserf.org.in/docs/reform_bills/NCHER_Act_May_20101%20(2).
    pdf)
Higher Education and Research Bill, 2011
    (http://www.prsindia.org/uploads/media/Higher%20education/high%20edu.pdf)
*Higher Education Commission of India (Repeal of Grants Commission Act) Act
    2018(DRAFT)*
    (http://mhrd.gov.in/sites/upload_files/mhrd/files/HE_CoI_India_2018_act.pdf)
Ministry of Law and Justice, *The Central Universities Act, 2009*, New Delhi: Govt. of
    India Press, 2009.
Ministry of Law and Justice, *The Central Educational Institutions (Reservation in Ad-
    mission) Act*, 2006, New Delhi, Govt. of India Press, 2007.
Ministry of Law and Justice, *The National Institutes of Technology Act, 2007*, New
    Delhi: Govt. of India Press, 2007.
Parliament of India, *Department-Related Parliamentary Standing Committee on Hu-
    man Resource Development Two Hundred Forty Seventh Report on The Higher Edu-
    cation and Research Bill, 2011*, New Delhi: Rajya Sabha Secretariat, 2012.
Parliament of India, *Department-Related Parliamentary Standing Committee on Hu-
    man Resource Development Two Hundred Thirty-Eighth Report on The National Ac-
    creditation Regulatory Authority for Higher Educational Institutions Bill, 2010*, New
    Delhi: Rajya Sabha Secretariat, 2011a.
Parliament of India, *Department-Related Parliamentary Standing Committee on Hu-
    man Resource Development Two Hundred Thirty-Seventh Report on The Foereign Ed-
    ucational Institutions (Regulation of Entry and Operations) Bill, 2010*, New Delhi:
    Rajya Sabha Secretariat, 2011b.
Parliament of India, *Department-Related Parliamentary Standing Committee on Hu-
    man Resource Development Two Hundred Twelfth Report on The Central Universities*

Bill, 2008, New Delhi: Rajya Sabha Secretariat, 2008.
（http://164.100.47.5/newcommittee/reports/EnglishCommittees/Committee%20
on%20HRD/Central%20Universities%20Bill,%202008%20-%20for%20
web%20purpose.htm）

Parliament of India, *Department-Related Parliamentary Standing Committee on Human Resource Development Hundred Seventy-Eighth Report on The National Institutes of Technology Bill, 2006*, New Delhi: Rajya Sabha Secretariat, 2007.
（http://164.100.47.5/newcommittee/reports/EnglishCommittees/Committee%20
on%20HRD/178threport.htm）

Parliament of India, *Department-Related Parliamentary Standing Committee on Human Resource Development Hundred Sixty-First Report on The University of Allahabad Bill, 2004*, New Delhi: Rajya Sabha Secretariat, 2005.
（http://164.100.47.5/newcommittee/reports/EnglishCommittees/Committee%20
on%20HRD/161streport.htm）

Parliament of India, *Department-Related Parliamentary Standing Committee on Human Resource Development Forty-First Report on Private Universities (Establishment and Regulation) Bill, 1995*, New Delhi: Rajya Sabha Secretariat, 1996.

The Central Universities Bill, 2009
（http://www.prsindia.org/uploads/media/1235040259/1235040259_central_
University_Bill_2009.pdf）

The Foreign Educational Institutions (Regulation of Entry and Operations, Maintenance of Quality and Prevention of Commercialisation) Bill, 2007
（http://ficci-hen.com/The_Foreign_Educational_Institutions_Bill_2007_1__1_.
pdf）

The Foreign Educational Institutions (Regulation of Entry and Operations) Bill, 2010
（http://www.prsindia.org/uploads/media/Foreign%20Educational%20
Institutions%20Regulation/Foreign%20Educational%20Institutions%20
Regulation%20of%20Entry%20and%20Operations%20Bill%20%202010.pdf）

The National Accreditation Regulatory Authority for Higher Educational Institutions Bill, 2010
（http://www.prsindia.org/uploads/media/National%20Accreditation%20
Regulatory%20Authority/National%20Accreditation%20Regulatory%20
Authority%20for%20Higher%20Educational%20Institutions%20Bill%20%20
2010.pdf）

The National Institutes of Technology Bill, 2006
（http://www.prsindia.org/uploads/media/1167468390/1167468390_116133
0652_national_institute_of_technology.pdf）

University Grants Commission, *UGC Regulations, 1991 regarding Minimum Qualifications for Appointment of Teachers in Universities and Colleges*
(http://www.teindia.nic.in/mhrd/50yrsedu/x/7 H/HQ/7 HHQ0901.htm)

University Grants Commission, *UGC Notification on Revision of Pay Scales, Minimum Qualification for Appointment of Teachers in Universities & Colleges and Other Measures for the Maintenance of Standards, 1998*
(https://www.ugc.ac.in/oldpdf/regulations/ugc_notificationnew.pdf)

University Grants Commission, *UGC Regulations (on Minimum Qualifications for Appointment of Teachers and Other Academic Staff in Universities and Colleges and Measures for the Maintenance of Standards in Higher Education), 2010*
(https://www.ugc.ac.in/oldpdf/regulations/revised_finalugcregulationfinal10.pdf)

University Grants Commission, *UGC Regulations on Minimum Qualifications for Appointment of Teachers and Other Academic Staff in Universities and Colleges and Measures for the Maintenance of Standards in Higher Education, 2018*
(https://www.ugc.ac.in/pdfnews/4033931_UGC-Regulation_min_Qualification_Jul2018.pdf

● その他 Web 資料

ALL INDIA PRE-MEDICAL/PRE-DENTAL ENTRANCE TEST-2015 FOR ADMISSION TO MBBS/BDS COURSES
(https://aipmt.nic.in/aipmt/ShowPdf.aspx?Type=50C 9 E 8 D 5 FC98727B 4 BBC9 3CF 5 D64A68DB647F04F&ID=F 1 ABD670358E036C31296E66B 3 B66C38 2AC00812)

Alternative to IIT-JEE, AIEEE and State JEEs: An Interim Report, 2010.
(https://www.cse.iitk.ac.in/users/dheeraj/jee/ramasami-ann3.pdf)

Information Bulletin National Eligibility Cum Entrance Test (UG)-2019
(https://ntaneet.nic.in/Ntaneet/ShowPdf.aspx?Type=50C 9 E 8 D 5 FC98727B 4 B BC93CF 5 D64A68DB647F04F&ID= 1 B6453892473A467D07372D45EB05 ABC2031647A)

Government of Kerala, *NOTIFICATION 2019 FOR THE CONDUCT OF FIRST AND SECOND YEAR HIGHER SECONDARY EXAMINATIONS MARCH 2019 & THE DETAILS OF OTHER HIGHER SECONDARY EXAMINATIONS TO BE CONDUCTED DURING THE YEAR 2019*
(http://www.dhsekerala.gov.in/downloads/circulars/2111180729_NOT-2019.pdf)

Joint Entrance Examination (Main) - 2018 INFORMATION BULLETIN
(https://static-collegedunia.com/public/college_data/images/entrance/entrance_

brochure/1511441903JEE%20Main%20Info%20Brochure%202018.pdf）

Ministry of Education, *National Education Policy 2020*
（https://www.education.gov.in/sites/upload_files/mhrd/files/NEP_Final_English_0.pdf）

Minutes of the 44th Meeting of the Council of IITs
（https://www.iitsystem.ac.in/Councildecisions-upload/97a61e9dc1.pdf）

Minutes of the 45th Meeting of the Council of IITs
（https://www.iitsystem.ac.in/Councildecisions-upload/339ad7bfbf013.pdf）

NCERT, *National Curriculum Framework for School Education*
（http://www.ncert.nic.in/html/pdf/schoolcurriculum/ncfsc/ncfsc.pdf）

NCERT. *National Curriculum Framework*. New Delhi: NCERT, 2005
（http://www.ncert.nic.in/rightside/links/pdf/framework/english/nf2005.pdf）

Order dated 11.04.2016 of the Hon'ble Supreme Court regarding NEET
（https://www.mciindia.org/CMS/wp-content/uploads/2017/10/NEET-order-dated-11.04.2016-of-Honble-SC.pdf）

University Grants Commission, *National Eligibility Test*
（https://ntanet.nic.in/NTANETCMS/Handler/FileHandler.ashx?i=File&ii=2&iii=Y）

UPDATED NOTIFICATION FOR 35th MH-SET FOR ASSISTANT PROFESSORSHIP
（https://setexam.unipune.ac.in/SET_2019/Prospectus_2019_setexam.pdf）

索 引

あとがき

　本書は、筆者が京都大学大学院教育学研究科に提出した博士学位請求論文「連邦制国家インドにおける高等教育の展開－1990年代以降の変化に着目して－」(2019年3月提出、2019年7月学位授与)をもとに、その後の変化も含めて加筆・修正をおこない刊行するものである。本書にはこれまでに発表してきた論文の成果が多く取り入れられている。各章の内容と関連する主な既発表論文は次のとおりである。

序章　　書き下ろし

第1章　書き下ろし

第2章
　「インドにおける国立大学の役割：「大学の目的」に着目して」『京都大学大学院教育学研究科紀要』第60号、2014年、139-151頁。

第3章
　「インドにおける大学教員像の変化：政府による大学教員の最低基準に着目して」『京都大学大学院教育学研究科紀要』第61号、2015年、397-409頁。
　「インド高等教育における連邦と州の関係：大学教員資格試験制度に着目して」『比較教育学研究』第52号、2016年、47-67頁。
　「インドの大学教員資格における博士号の位置づけ：アカデミックな称号と大学教員資格との関係に着目して」『京都大学大学院教育学研究科紀要』第62号、2016年、239-251頁。

「インド高等教育における大学教員資格試験制度の展開：公正さ
(equity) という観点に着目して」『教育制度学研究』第23号、2016年、
40-56頁。

第4章

「インドと中国における大学入学者選抜制度：現状と改革動向の比較的
分析」『京都大学大学院教育学研究科紀要』第58号、2012年、19-43頁。

「インド工学系大学における入学者選抜制度の展開：2010年代以降の
全国統一型試験の動向に着目して」「京都大学大学院教育学研究科紀要」
第63号、2017年、557-580頁。

終章　　書き下ろし

　私とインドの最初の出会いは、小学生の頃にまでさかのぼる。当時は絵
を描くのが好きで、妹尾河童さんの『河童が覗いたインド』のなかの詳細
なデッサンを、「自分もこんな絵を描いてみたい」と思いながら毎日のよう
に眺めていたことをよく覚えている。「いつかこんなところに行ってみた
い」とも思っていたが、まさか数十年後、それが研究や仕事にまでつなが
るとは夢にも思わなかった（今では自分でカレーまで作るようになってしまっ
た）。そして、初めてインドを訪れた際の衝撃は想像をはるかに超えてい
たが（違う国に来たというより、どこか違う星に来てしまったのかと思った）、そ
の混沌とした風景は、一方でどこか懐かしさもあった。もしかしたら、子
どもの頃に読んでいた妹尾さんの本のことを無意識に思い出していたのか
もしれない。なお、今でもインドに行くと、何気ない商店やビルの装飾な
どに目がいってしまい、町中をただただ散歩しているだけでとても楽しく
感じられる。

　さて、本書を最後までお読みになってくださった方ならお分かりいただ
けるかもしれないが、今や人口が13億人を超え、また多様性に富み、連
邦制国家であるインドの高等教育の全体像を描くのは、我ながらおそらく
無茶な行為だったと思う。しかし、何とか自分の手で自分の考えるインド

の高等教育の全体像を一度描いてみたいとも思っていたため、批判も含め、本書を通じて少しでもインドの高等教育の理解の一助になれたのであれば、筆者として幸いである。

　本書の完成までには、さまざまな人々のたくさんの支えがあったことはいうまでもない。本書の最後に、その感謝の意を伝えたい。

　まず、比較教育学研究室の杉本均先生にお礼を申し上げたい。そもそも私と比較教育学との出会いを与えてくれたのが、杉本先生だった。学生時代に日本の教育にいろいろ疑問をもっていたとき、杉本先生の著書を偶然手に取ったことで、異国を通じてさまざまな教育のあり方を考える面白さを知ることができた。そして、大学で杉本先生と机を並べて学ぶことができ、直接お話を伺えたのは幸せなことだった（懇親会などの席でも杉本先生が行かれたさまざまな国のお話を伺えたのはとても楽しい時間だった）。杉本先生との出会いがなければ、今私がこのように「あとがき」を書くこともできなかったと思うと、杉本先生には感謝してもしきれない。

　次に、指導教員である南部広孝先生に感謝の意をお伝えしたい。南部先生には、研究者として、そして教育者としてのいろはをたくさん教えていただいた。一方で、今でもそうであるが、いつも私自身至らないことが多く、そのため南部先生にはご迷惑をおかけしてばかりであった。南部先生の貴重なお時間を自分のようなものに使っていただいたと思うと、本当に申し訳ない気持ちでいっぱいになる（その分、もっとご自身の研究ができたと思う）。それでもご指導を受けた際、さまざまなお話をしてくださり、南部先生のおかげでとても充実した、かけがえのない学生時代を過ごすことができた。そして、いつか南部先生のようになれたらといつも思うが、研究や仕事をすればするほどそのすごさに改めて気づき、日に日にその背中は遠く離れていってしまうのが悲しいばかりである。余談だが、息子が生まれた際に南部先生のようになってほしいという願いから、「広」の一字をいただいて「雅広（まさひろ）」という名前も候補の一つに考えたが、南部先生への思い（愛）が強すぎると妻に却下された。

　さらに、学生時代の同講座で教育行政学研究室の高見茂先生にお礼を申し上げたい。高見先生には、学生時代は講座の先生として、また卒業後は大学の上司として大変お世話になった。特に卒業後は高見先生のお仕事の様子を間近で拝見できたことで、組織人として、また一人の人間として、たくさんのことを勉強させていただいた。高見先生には返しきれないほどの恩があるが、一生をかけて少しでも恩返しできればと思っている。また服部憲児先生にも、学生時代は同講座の先生として、また博士論文の口頭試問の際には副査として大変お世話になった。服部先生には貴重なアドバイスをたくさんいただき、今後の研究に活かしていきたい。

　加えて、比較教育学研究室、教育行政学研究室の先輩、同級生、後輩のみなさまにも感謝の意をお伝えしたい。比較教育学研究室では、特に学年が近かった工藤さん、田村さん、関口さん、中島さん、廖さん、白銀さん、門松さん、全さんなど、さまざまなサポートをいただいた。特に田村さんには、（今でもそうだが）公私にわたって大変お世話になった。李霞さんにもご自身の編著執筆の際にお声がけいただき、多くを学ぶことができた。そして小原さんには、インド研究の大先輩としていつも励ましの言葉を頂戴するだけでなく、最近ではたくさんの貴重な機会をいただき、感謝の気持ちでいっぱいである。教育行政学研究室では、江上さん、桐村さん、柴さん、郭さん、西川さんなど、学生時代だけでなく、仕事でも大変お世話になった。

　一方で、南アジア研究の先生方にも大変お世話になった。特に私にとって、押川文子先生との出会いは大変恵まれたものであった。学生時代、押川先生の研究室でお話をたくさん伺えたのは、私にとって本当にいい思い出である。そして押川先生にお会いしたことにより、牛尾直行先生、佐々木宏先生、日下部達哉先生、南出和余先生、針塚瑞樹先生、野沢恵美子先生、澤田彰宏先生、茶谷智之先生、安念真衣子先生など、第一線でご活躍する先生方から多くを教わることができた。牛尾先生とは何度もチェンナイでご一緒してくださり、インドでのフィールドワークの仕方を間近

で学ぶことができた。また佐々木先生とは、以前研究協力者としてご一緒させていただく機会に恵まれ、たくさん勉強させていただくことができた。さらに日下部先生には、大変お忙しいにも関わらず、何度も貴重なインドの資料を送っていただいた。そして澤田先生には、私が卒業論文を執筆する際、よくわからない一学生に快く貴重な資料を提供していただいた。本当に挙げればきりがないが、改めて南アジア研究の先生方にも感謝を申し上げたい。

　本書の刊行にあたっては、東信堂の下田勝司社長に多くのご助力をいただいた。本書の出版を快くお引き受けくださったにもかかわらず、執筆が遅れ大変ご迷惑をおかけしたが、一冊の本として何とか刊行できたのは、ひとえに下田社長をはじめ、東信堂のみなさまのおかげである。改めて心から感謝申し上げたい。

　最後に、私事ではあるが、家族に対して感謝の意を伝えたい。父と母にも幼い頃からずっと迷惑ばかりかけてきたが、自分勝手な私を一度も見捨てず、ずっと我慢して見守ってきてくれた。いつか自分も、母のように強く、そして父のように優しい人間（そして親に）になれたらと思う。本当に感謝してもし尽くせないが、これからは少しでも親孝行ができるよう、いつまでも変わらずに元気でいてほしい。また妻の世子には、将来のまったく見通しのない私とよくも付き合い、そして結婚までしてくれたと今でも思う（義理の父と母も、よく結婚を許してくれたと思う）。学生時代には生活まで支えてもらい感謝の言葉もないが、せめて息子の雅晴が大きくなったら、いかに母ちゃんがすごい人かをよくよくいい聞かせたいと思う。ともあれ、いつもありがとう。

　思えば、特に才能も何もない私は、なぜか人との出会いにだけは恵まれ、何とかここまでやってくることができた。お世話になったすべての方々のお名前を挙げることができなかったが、ここで改めて心より感謝を申し上げたい。

著者紹介

渡辺雅幸（わたなべ まさゆき）
1981年生まれ。京都大学大学院教育学研究科博士後期課程研究指導認定退学。博士（教育学）。比較教育学専攻。日本学術振興会特別研究員（DC2）、京都大学大学院教育学研究科助教、京都大学学際融合教育研究推進センター地域連携教育研究推進ユニット特定講師を経て、現在、びわこ学院大学教育福祉学部子ども学科講師。
主な著書・論文
『比較教育学原論』（共著、協同出版、2019年）、『グローバル人材育成と国際バカロレア－アジア諸国のIB導入実態』（共著、東信堂、2018年）、「インド高等教育における連邦と州の関係－大学教員資格試験制度に着目して－」（『比較教育学研究』第52号、2016年）、「インドにおける大学教員資格試験制度の展開－公正さ（equity）という観点に着目して」（『教育制度学研究』第23号、2016年）

連邦制国家インドにおける高等教育の展開 —1990年代以降の変化に着目して—

2022年 3月20日 初 版 第1刷発行　　　〔検印省略〕
定価はカバーに表示してあります。

著者©渡辺雅幸／発行者 下田勝司　　　印刷・製本／中央精版印刷

東京都文京区向丘 1-20-6　郵便振替 00110-6-37828
〒 113-0023　TEL 03-3818-5521（代）　FAX 03-3818-5514
発　行　所
株式会社 東信堂

Published by TOSHINDO PUBLISHING CO., LTD.
1-20-6, Mukougaoka, Bunkyo-ku, Tokyo, 113-0023, Japan
E-mail : tk203444@fsinet.or.jp　http://www.toshindo-pub.com

ISBN978-4-7989-1759-7　C3037　© WATANABE Masayuki

東信堂

〒113-0023　東京都文京区向丘1-20-6
TEL 03-3818-5521　FAX03-3818-5514　振替 00110-6-37828
Email tk203444@fsinet.or.jp　URL:http://www.toshindo-pub.com/

※定価：表示価格（本体）＋税